おもてなしの経営学 実践編

宮城のおかみが語るサービス経営の極意

東北学院大学経営学部
おもてなし研究チーム ［編著］
みやぎ おかみ会 ［協力］

創成社

はしがき

本著は、われわれ編著者が所属する東北学院大学経営学部の講義「おもてなしの経営学」から派生した学術成果です。「おもてなしの経営学」は、これまで3年にわたり「みやぎ おかみ会」の全面協力のもと運営されてきた実践型講義であり、名実ともに東北学院大学経営学部の看板講義のひとつになっています。

本講義が立ち上げられるまでの経緯を簡単に振り返ります。本講義のアイディアは、2008年に生まれました。それは、編著者のうち村山貴俊と折橋伸哉が、東北学院大学の教育高度化予算を使って、関西圏の私立大学の産学連携や競争的外部資金の導入の実態を調査したことが始まりでした。それをもとに村山と折橋は、どのような産業や商売を対象にすべきだろうか？　外部資金の導入可能性はあるのだろうか？　東北という地域に役立つ講義の運営の在り方とは何か？　などを語り合いました。そうした議論のなかで、東北や宮城の重要な観光資源である温泉を切り口としてはどうか、温泉そのものではなく経営学である以上は温泉旅館の経営を分析するのが良いのではないか、それであれば温泉旅館のおかみの働きにも光をあてて「おもてなしの経営学」とすれば、われわれの独自性がより際立つのではないかといった具合に、その方向性がみえてきました。

そこでまず仙台商工会議所を訪問したところ、仙台市が出資する「(財) 仙台観光コンベンション協会」への訪問を薦められました。早速、同協会を訪ね、当時、同協会専務理事の職にあられ、後に講義にもご登壇いただく千葉久美氏と出会い、同氏から全面的な協力が約束されました。さらに同氏からは、「みやぎ おかみ会」の会長を務める磯田悠子氏にお声掛けすべきだとのご助言をいただき、みずから仲介役になってくださいました。

さらに教員チームには斎藤善之が加わりました。斎藤は、三陸沿岸地域を中心に東北の各地で学生と共に歴史的資産やまちづくりに関する学術調査を実施する地域フィールドワークを行っていました。その斎藤が加わり、準備作業が加速することになりました。2008年年末には教員チームが「みやぎ おかみ会」の磯田会長に面会し、「おもてなしの経営学」の狙いや講義運営方法などを説明しました。磯田会長からは、「わかりました。やってみましょう。お任せください」という心強いお返事をいただきました。その数週間後に、斎藤と村山が「みやぎ おかみ会」の年次総会に招かれ、宮城の旅館業を代表するおかみたちの前で、磯田会長より「みやぎ おかみ会」と東北学院大学経営学部が共同で「おもてなしの経営学」を運営することが公表されました。このような準備期間を経て、2009年3月、「みやぎ おかみ会」「仙台観光コンベンション協会」「東北学院大学経営学部」の三者間で「おもてなし経営学」の運営と実施に係わる産学連携協定が締結されました。

2009年4月には、磯田会長よりこの年の講義にご登壇いただく4人のおかみを紹介され、それら旅館を1軒ずつ訪問し、おかみへの講義の趣旨説明、おかみへの事前のヒアリング、旅館の施設見学などを行いました。このような手続きを経て、2009年9月から実際に「おもてなしの経営学」（半期2単位、9月～翌年1月まで）の講義が始まりました。この年には、磯田会長をはじめ、大宮富貴呼氏、四竈明子氏、髙橋弘美氏、千葉久美氏の5名にご登壇いただき、その前後の講義を5名の教員が担当しました。翌2010年には、佐藤久美子氏、高橋知子氏、阿部憲子氏、佐々木久子氏、一條千賀子氏にご登壇いただきました。

そして2011年9月からの講義に向けて準備を進めていた最中、2011年3月11日、東日本大震災という未曾有の大災害が発生しました。沿岸部の旅館と周辺地域が津波によって大きなダメージを受けたことはいうまでもありませんが、内陸部の旅館もたび重なる余震を含む大きな揺れによって建物などに大きな被害が出て、さらに原発事故による放射性物質の拡散がこれに追い打ちをかけました。そのため講義の続行それ自体が危ぶまれました。しかし、われわれ教員は、むしろこのような時期だからこそ、今般の大震災が旅館業・観光業にどのような影響を及ぼし、おかみを中心に現場がどのように対応したかという記録を残し、それを学生に学ばせたいと考え、比較的被害が小さかった内陸部の旅館のおかみたちに講義への登壇をお願いにあがり、何とか講義を続行することができました。2011年度の講義は、平時とは異なる有事に、どのようにして「おもてなしの心」が発揮されたかが中心テーマとなりました。これら講演の記録は、後々貴重な資料になると思っております。

さて本書出版の狙いは、東北学院大学経営学部での「おもてなしの経営学」をめぐる3年間の取り組みを著作として取りまとめ、その意義を広く世に問うことにあります。これまでの3年間、各おかみの講義を実際に傾聴し、これを大学の講義だけにとどめておくのはもったいないと感じたのが公刊を考えた直接の契機です。そしておかみの実践に関する講義を中心とした【実践編】、教員の理論分析に関する講義を中心とした【理論編】、さらに震災時の各旅館の取り組みを扱う【震災編】という「おもてなし3部作」として公刊することにしました。

本書はこれら3部作の第1部【実践編】にあたりますが、講義の臨場感を伝えるために、おかみの方言や独特の言い回しなどはできるだけ残すこととしました。

章立てについては、講演の内容をもとに再構成し、「みやぎ おかみ会」の設立経緯や宮城の旅館業の位置づけやその歴史などに言及されたおかみ達（第1章、第2章）、サービスやおもてなしへの独自の考え方を中心にお話をされたおかみ達（第3章、第4章）、施設や立地の特徴にこだわって経営されるおかみ達（第5章、第6章、第7章）、個人の経験や体験を旅館経営に色濃く反映させるおかみ達（第8章、第9章）といったように、構成にも一定の意味を持たせたつもりです。

今回の「おもてなし3部作」は、経営学の新たな研究領域を切りひらく研究書としての狙いもありますが、同時に一般の読者や実務家そして学生にも気軽に目を通していただける書でありたいと願っております。例えば、旅館業や観光業に携わる実務家の方には、第1部【実践編】や第3部【震災編】におさめられている各旅館の事例が役立つのではないでしょうか。特に、他地域において自然災害に備えた防災対策や危機管理の強化をお考えの方には、第3部【震災編】の事例が貴重な資料になるでしょう。また、平時の第1部【実践編】と有事の第3部【震災編】の比較も、日常の行いや考え方が有事にどのように活かされるかなど、実務家にとって非常に興味深い視点を与えてくれるのではないでしょうか。また、第2部【理論編】を中心にすえ、第1部【実践編】や第3部【震災編】の事例を組み合わせることで、学生や従業員向けの学習・研修支援ツールとしてもお使いいただけるのではないでしょうか。加えて、宮城の温泉地や宿に旅行をお考えの皆様には、一般の旅行雑誌にはまず書かれることがない、旅館の歴史や経営の裏事情、さらにおかみの経歴やこだわりなどが記された貴重な旅のガイドブックとしてもご利用いただけるのではないでしょうか。本書をご一読いただいたうえで宮城県の宿やホテルに足を運んでいただければ、これまでとは少し違った旅の楽しみ方ができるかもしれません。

宮城そして東北に暮らし、実際に3・11の大震災とその後の被害を目の当たりにしてきたわれわれ教員も、この「おもてなし3部作」が、宮城や東北の魅力の再発見、そして観光客の誘客につながり、東北の観光業復興の一助となることを心より願ってやみません。

2012年10月　東北学院大学 土樋キャンパスにて

編著者一同

＊本書の現地調査の一部は、科学研究費補助金・基盤研究C（課題番号24611017）の助成を受けています。

目次

本書に登場するホテル・旅館の分布図

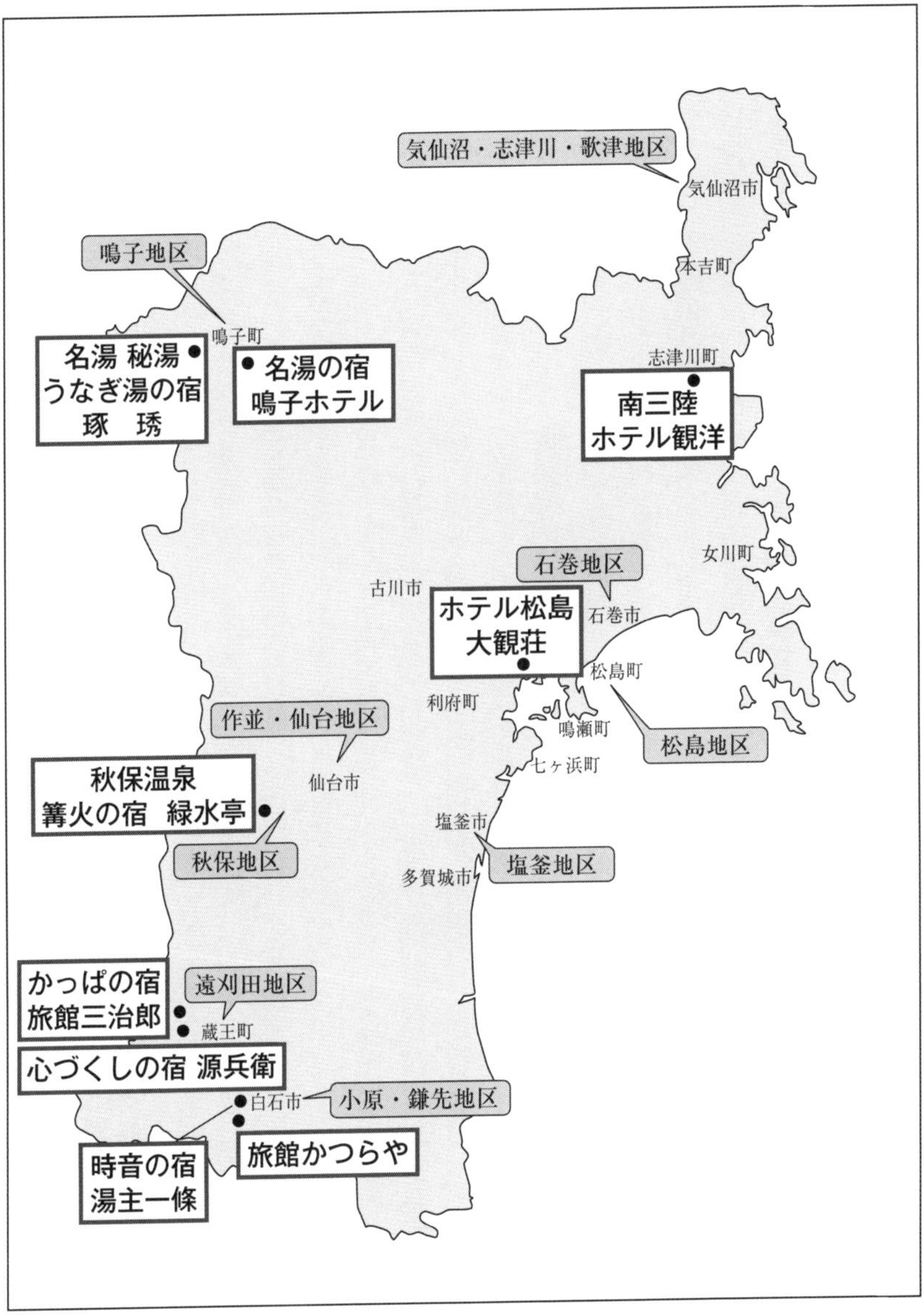

第1章

食にこだわる大規模旅館の経営

磯田 悠子

旅館情報

ホテル松島大観荘

■所在地：宮城県宮城郡松島町松島字犬田 10－76
■連絡先：022－354－2161
■創業年：昭和 35 年
■客室数：256 室
■http://www.taikanso.co.jp

みやぎ おかみ会とは

皆様、こんにちは。実は、今日は「みやぎのおかみ」というパンフレットを持ってきました。これは、おかみの顔写真入りのパンフレットになっております。このように顔を載せるというのは、大変なことです。おかみの皆さんに、一番自分らしいと思う写真を出して欲しいとお願いしました。最初は顔を出すのなんて嫌だという人が多かったんですね。でも、やはり顔を出して責任を持ちたい、という話をいたしました。

さて、この写真を見ていただきますと、現在おかみ会の会員は約50軒でございますが、「いらっしゃいませインフォメーション」ということで、おかみ会の名前を出して、お会いする方々にパンフレットをお配りするというのが、おかみ会会長としての私の務めであります。やはり、会というものを主催するということは大変だなと思っております。私はみやぎおかみ会の2代目の会長でございます。伝承千年の宿・佐勘さんのおかみが、初代会長でございました。私が会長になった理由は、一番おかみらしくないということだったそうです。実は、私は欠席裁判で会長になりました。皆様の連想するおかみのイメージは、どのようなものでしょうか？　おかみ会が発足したのは、平成3年のころ、約20年前ですので、その当時のおかみさんといえば、綺麗な着物を着て、いらっしゃいませ、ありがとうございます、というイメージが強かったのではないでしょうか。私も、どういうわけかそのなかの会員として、一応名を連ねました。実を申しますと、私の母がこういうことをやりたがらなかった。それで、あなたが表に出て行くべきよと言われました。私の実母は、後ろの方で威張っているのが大好きでした。それから、旅館のなかでは、お客様に怒られる時には、私がお客様のところに行ってお詫びをする、そういう役をやっておりました。面倒なことはあんたがやりなさいと言っていただいたおかげで、こういう会長という立場に就くことになりました。

会長になってからは、本当に大変でした。おかみ会では、はっきりいろいろなことを言われます。時には、それを聞いたふりをしたり、それからちょっとしょげたふりをしたり、しらんふりをしたりします。今度は、おかみ会会長として、皆さんにやって欲しいことはこれと、これだ、と指示することになるわけですが、そうすると「あんたおかしいね。わたしのことをばかにして」と先輩おかみたちからいろいろと言われることもありました。今、私は60歳を過ぎましたが、ああ、ついにシルバーの仲間入りだなと思ってちょっと残念に思っております。私は、おかみ会の存在を皆さんに知ってもらうための宣伝部隊だと思っております。また、宮城の観光を全国に広めるということも、私に課せられた使命だと思っております。

松島の昔と今

皆様にお渡ししたのが、松島の歴史です。観光地・松島ということですね。平安時代は歌枕のなかにあったんですね。当時、平安時代の国府は多賀城にありました。国府多賀城駅と

ホテルからみた松島湾

いうのがございますよね。東北学院大学の工学部のところです。その多賀城に国府がありました。それで、都の方から来ている役人さんたちは、塩竈までは来ていたようです。だけど、塩竈から向こうはもの凄い僻地だった。大変な田舎ということで、あまり松島には来られていなかった。でも、すばらしい所のようだということで、歌枕に詠まれていたようです。平安時代、８２８年ですかね、瑞巌寺の母体の延福寺というのが、あの地に開山されたのです。延福寺、これは天台宗だと思いますが、山形県の山寺と同じ系列です。

鎌倉時代になりますと、源頼朝が平泉に自分の弟を征伐に行くわけです。その時に松島を通ったりして、それからすごく松島が意識されるようになったようでございます。実は、我が社のホテル松島大観荘が建っている山は、判官山といいます。判官・義経の判官。それこそ、義経がそこを通ったのではないか、という地名になっております。そして実は、松島に頼朝夫人の政子さんが、松苗を1000本送ったんだそうです。それが松島の地名の由来ではないかと言われています。千松島とも言われます。島々に松の木がいっぱいあるというのは、そこから始まったのではないかと言われることがあります。植えたんでしょうかね、自然の松ではない、植林した松もあるそうですけれども、それが松島の由来と言われております。

そして、江戸時代に伊達政宗が延福寺を青龍山瑞巌寺とし、1601年ぐらいに、青葉城と同じぐらいの時に建て始めました。1609年に瑞巌寺の本堂が完成いたしました。現在は、その本堂を400年ぶりに解体し補修しております。その間、政宗の保護のもと、松島は発展してきました。松島に観瀾亭という所がございますけれども、そこが正宗のお月見の御殿だったそうでございます。あのお月見の御殿は、秀吉の使っていた建物を移築したものだそうです。秀吉から拝領したお月見の御殿を、江戸屋敷にあったのを移築いたしました。政宗によって、伊達家によって、松島は、保護され管理されてきたんです。だから、とてもきれいなところだったと思います。

江戸時代の大変平和な時に、今の「じゃらん」とか「るるぶ」とかそういうものだと思いますが、旅の紀行文のようなものが多く書かれるようになりました。大淀三千風という方が15年ぐらい松島に住んで、松島の紀行集を出した。それを見て、松尾芭蕉が陸奥に、松島に向かったわけです。そういう紀行文や奥の細道が発行されたりして、松島に対してものすごく憧れを抱く人が多くなった。こうして、松島には、お客様が多くなったようでございます。その当時は、塩竈から船で松島に向かうコースが多かったようです。明治維新になりまして、伊達家の保護が外れてしまった。それにより松島が廃れてしまったそうです。それで、明治天皇が松島にお越しになられた時に大変哀れんでいただいて、お金を頂戴したということです。そこから再び始まったようですね。その後に、松島に東北本線が開通いたしました。そして、明治38年頃に松島の牡蠣というのが初めて東京に出荷されたそうです。これは岩肌にいっぱいくっついている天然牡蠣です。それから、宮城県が、明治42年頃に松島を国際的にしようということで、公園経営案というものを議決し、松島にすごく力を入れよう、ということになりました。その結果、松島にパークホテルができました。学生の皆様は平成生まれですよね。昭和生まれですか。昭和44年にそのパークホテルというのは焼失してしまいましたが、それを設計した建築家は広島の原爆ドームを設計した方です。オーストラリア人のレツル氏という方が設計されました。帝国ホテルもそうです。その方の建てたものすごい洋館もありました。六角形の形をした、そういう建物ができ、松島の水族館もできる、実は劇場まであったんです。駅を降りて海の方にあるグリーン広場に、そういったものがありました。それから、松島に電車が開通しました。初原というところ、ちょうど石巻の方に行く辺り。そこから松島の五大堂の所まで、今の45号線辺りを松島電車が走っていました。その後、宮城電鉄という私鉄、これは今の仙石線ですが、それが開通した。急激に発展したようですね。大変な保護と援助をいただきながら、そのような発展がなされたということです。宮城電鉄は、政府に買収され、後に国鉄になりました。

松島に来た有名人のなかには、アインシュタインもいました。最近テレビなどで漫画チックに登場することがありますが、アインシュタインが大正11年に来ているんです。私も、これは驚きました。本当かなと思って、インターネットで調べてみましたら、アインシュタインは東北帝国大学の物理学教授として招聘されていたようです。それは断りましたが、その後に日本に来ていろいろと講演をした際、仙台市の公会堂でも講演をされて、その当時、土井晩翠にも会っているそうです。本当かしらとも思いますが、アインシュタインも松島には大変興味を持っていたようです。大きな都市で講演をして、東北大学から招聘があったため仙台でも講演をされたそうです。松島には結構外国人の方たちも興味を持っております。アインシュタイン、それから皇族方にもお越しいただきました。映画やテレビ、いろいろなロケにも使われております。

そんなところで、今ある松島ということになりますが、現在、年間で365万人ほどのお客様が松島にお越しいただいております。これは365日だから365万人というふうに大変覚えやすい。一番のピークが、NHK独眼竜政宗の放映が昭和62年にあったんですが、その時が500万人という大変多くのお客様にお越しいただきました。その前に、樅の木は残ったという伊達騒動のNHKドラマもございましたけどね。独眼竜政宗の時が、ひとつの大きな流れでした。

開業当初の玉屋旅館

大観荘の歩み

私どもの宿屋は昭和35年から始まっております。それまでは玉屋旅館という旅館を経営しておりました。いろいろ調べましたら、昔は50畳ほどの小さな宿屋だったそうです。17名でいっぱいになってしまっておりました。私の実父は大正生まれで、小さな宿屋に生まれて、すごく困っていたので養子に出たり入ったりしておりました。体が弱かったんですけど、学院の専門学校というんですか、そちらにも入れていただいた。それから東北大学の文学部にも行っておりまして、自分自身は県庁の職員になっておりましたが、家業を継ぐことになりました。その当時は宿屋としてはあまり一般的ではありませんでしたが、木造の3階建ての建物を建てまして、いろんなことを工夫して現在に至っております。そこは県の土地だったそうでございます。宿屋をやる前は味噌と醤油をつくっておりました。そしてパークホテルができる時に立ち退きをさせられて宿屋になったんです。海岸通りのグリーン広場のところに味噌蔵があったそうです。あの辺に住んでいる人たちはみんな立ち退きさせられて、昔は、政府、国の言うことには、すぐ賛成しなくてはいけない。反対なんかできなかった時代ですから、県の土地で営業しておりました。

戦後20何年頃、戦争で負けてしまったということが、ものすごくショックだったようです。そして松島町の人たちも、おそらく国全体の人たちが、やる気をなくしていたと思います。そこで私の父は、松島に迎賓館を建てようと考えたそうです。だけど自分の土地はない。どうしようということで、今ある高い山の所に土地を求め、そして道路を造り、あの当時はダイナマイトで崩して道をつけて、木造2階建ての宿屋を造りました。そこはやはり金がないですから、ちょうど映画のセットみたいにがたぴしなんですね。だから、私の小さい頃大広間で宴会をいたしまして、そこにお客さんが全部入っちゃいますとどうなると思いますか。床が下がるんです。床が下がって襖が外れてパタパタと落ちてくる。だったら、最初から襖を外してしまおうという、そういういろいろな工夫をしました。私は小さいながらも一応宿屋の娘でしたから、皿洗い、小さな時にはさらしの布で皿を拭く、そういうことをやりました。それをやらなければご飯が出てこないのです。結局仕事が終わらないうちは食事にならない。それから、昔は本当に良かったと思います。私たちが寝ている部屋まで、部屋が足りないとお客さんを寝させなきゃいけない。どこに寝るかというと、舞台の上に寝るんです。面白いでしょ。私から見ればそれが普通だった。

学生時代の思い出

私は、中学校から宮城学院に参りました。仙台の学校です。すごく嬉しかったですね。朝早くから夜帰るまで仕事をしなくていいわけです。学校から戻ったら、何かさせられる。仙台に来ていれば電車で帰りますから、何かで遅くなったと言えばいい。親をどうやってごまかすかということの知恵が働きましたね。だけど、私がおかみになるはずはなかったんですけれども、小さい頃から私を育ててくれたのは、旅館の女中さんと番頭さんと、ご飯炊きのおばちゃん、そういった人たちで、うちの母より頼りになりました。だけれども、話していることが大人なんですよね。だから私は耳年増で、すごくませていました。何を聞いても感動しない子供だった。そんなの大したことないねって。実際に仙台の学校に出てきてみましたら、皆さん少女なんですね。若い女の子って、こんなふうに感激したり泣いたりするんだと。私は、そんなの当たり前だよ、そんなのひどくないよ、痛くないよという感じで、大分しらけた女の子だったようです。その当時のお友達に聞きますとね。おにぎりなんか、古くなると糸を引きますでしょ。そういうのを「それはもう食べられないの。捨てなさい」と言う。食中毒になるとか、そういうのだけは知っているわけです。

皆さんがお嬢様というか、特にお金をかけて私立の中学校に来るような人たちですから、私はびっくりいたしました。ピアノも習っていたり、家庭教師がいたり、当時私たちの学校のお友達はそういう人が多かった。「へぇ、ピアノっていうのは、みんな持っているんだ」

と。学校にピアノの教室がありましたしね、練習室が。何かというと、そこで練習ができたりするようなお部屋がございました。本当に驚きの連続でした。私は片平町の寮にも住んでいたことがございます。うちの父が勉学に力を入れろということで、通う1時間がもったいないということで仙台に住みました。その当時、私の父が面白いのは、小学校の時から英語は大事だと言っておりました。そして、英語の本を買ってきてカタカナでジスイズアペンと書くんです。それから、アイキャンノットスピークイングリッシュと書くわけです。外国人を見たらこう言えよと。それだけはできたんですが、本当の驚きは、その当時の宮城学院の外国人の先生でした。びっくりしました。私たちは、外国人というのは、小さい頃は進駐軍しか見たことがありません。日本国がアメリカに負けてしまったということで、川内に米軍の基地があったんです。その基地の偉い方たちが、パークホテルを宿舎としておりました。それで仙石線を使って川内に毎日通っていた。その外国人と、きれいな女性しか見たことがなかった。小さい頃、「外国人を見たら、ギブミーチョコって言うんだよ」と先輩たちに教えられました。そうすると、米兵は喜んでチョコをくれるわけです。

おかみとしての仕事

私がおかみになるまでというのは――実は学校を卒業いたしまして、私の父は大変体が弱かった。結核という病気でした。私が生まれた頃は死ぬかどうかというようなことで、特別扱いをされておりました。病気をしながらの仕事でしたので、私自身は、父から離れたくないという思いがものすごくありました。とにかく助けなければいけない。ところが私には弟が2人おりました。最初は、私は女だけ2人だったものですから、一応、家督というふうには言われておりました。やっぱり三つ子の魂いつまでもという感じですかね。それがずっと耳に残っておりまして、うちの父からは離れられない。学校を卒業して、家庭科の教員になろうと思った時期もありましたが、やはりうちに残って手伝わないといけないと思い、ずっと残ってしまいました。その結果、私の主人まで巻き込んで、うちの主人が社長になっておりますけれども、私の父は、死ぬ間際に自分の息子ではなくて私の主人を選びました。経営者としてこの器を残したいというのが、彼の願いでした。うちの仕事は父が創業者ですので、代々伝わる仕事ではありません。どうやろうと勝手だったとは思いますけど、でもこの器を残して欲しい、松島町のためにも残して欲しい、宮城県のためにも、というのが彼の意向でした。それから、社員のためにもこの器をなくしてはならない、事業を継いでいってもらえるような人ということで、私の父は、死ぬ間際、主人に「おれはお前に惚れたよ」なんて大変浮いたようなことを言っておりました。その辺は、私の弟には気の毒だったと思っておりますが、うちの弟も一緒に働いておりました。

でも、やはり宿屋というのは、ものすごい設備投資をします。装置産業といいまして、建物が商品で、それを返済していくという。おそらくみんな、おかみたちもそういうところで悩んでいる人が多いと思いますけれども、それを運営していくためには、やはりある程度の肝の据わった人間でないとできないですね。それから、いろいろな点で先を読むことが必要です。私は、人の上に立つというのはものすごく大変なことだと思います。うちの主人は「お前は経営者には向かないよ」と言うんです。なぜかというと、気分で動いているじゃないかと。私の売りは、好きと嫌いで判断する、白と黒で分けてしまうことです。実はそうじゃないと思いながらも、どうやら、そんなところがあるらしいです。ただ、やはり経営者は数字に強くなくてはいけない。ぜひ皆さん、いろいろな数字、やはり商品ですから、ものを仕入れて、それを加工して売るわけですよね。そのための努力もするし、売った後には資金を回収しなければいけません。今度は、その回収したお金をどうやって使うか。お金はどう使うかを決断するためには、いろいろなことを勉強しないといけない。世界の情勢、日本の情勢、皆さんの好みとか、世のなかはどのように動いているかとか、そういうアンテナを張って勉強したり体験したりする必要があります。私はすごく単純に、ものを仕入れたらそれを売って一生懸命働いて残ったのが利益だねと言いますが、主人はそれだけの問題ではないと言うわけです。

三ツ星ランチとは

今日は冬ランチというパンフレットをお持ちいたしました。宮城県の補助事業として始まった事業でございます。松島の三ツ星冬ランチということで、実を申しますと、松島は冬になりますと、まったくシーズンオフになります。お客様が夏の半分ぐらいになりますかね。しかし、冬こそ、松島の牡蠣がすごくおいしくなる季節です。それで、松島の三ツ星冬

松島の三ツ星冬ランチ　洋食グランプリ

ランチということで、お料理コンテストやコンクールはどこでもやっていると思いますけど、それを実際に提供するのはものすごく大変なことなのです。料理コンテストだけのお料理を作るというのは、手をかけて一生懸命作れば綺麗にできます。だけど、それをレストランで実際に提供する際には、調理に時間もかかるし、ある程度早くお客様に食べていただかなければいけないという問題があります。お待ちいただけるのはせいぜい10分か15分ですよね。その間に出てこないとお客様はイライラなされます。これは松島三ツ星ランチという実行委員会がございまして、観光協会などが後援しております。

原価率というのをご存知ですか。このランチなのですが、原価率40%です。大変なんです。２５００円ですと１０００円くらいですかね。何でもそうですが、お料理は食材原価と人手がかかります。作る人、運ぶ人、水道光熱費、それを提供する施設の料金もかかります。そういうのを見ましても、原価率

40％というのは大赤字の大盤振る舞いのお料理でございます。最初のうちはこれに参加する人はございませんでした。私もこのなかの委員に選ばれまして、そうしたら、これを宮城県に案として出して補助金をもらうというんです。こういう補助事業があるんですね。宮城県の食材を使う「食材王国みやぎ」という事業です。各自治体からいろいろな案を提案されて、そのなかから厳選して3つの事業体に100万円か200万円か出す、というような補助事業でございました。選んだ委員の方からちらちらっと話を聞いたんです。そしたら、「あんたね、松島なんて不真面目だよ。何なのこの案は。こんなものを持ってきたって。他の自治体の方がもっと一生懸命だ。だけど何で松島が選ばれるんだろうね。やっぱり日本三景だからかしら」と言われたんです。でもいいですよね。親の七光りみたいに、そうやって選んでもらえるだけの何かがあったということなのだから。だったら何かしなきゃ、というのが私の思いでした。選ばれた以上は、どうにかしなければいけない。聞いてみたら、料理コンテストというのは結構その1回限りで終わってしまうんだそうです。それを普及・定着させるということはなかなかない。だったらそれを各レストランで提供するというのはどうですか、という話になりました。おそらくコンテストの料理を、実際に提供している所はあまりないと思います。

しかし、これが年々盛んになってまいりました。なぜかというと、ものすごい食数が出るようになったのです。去年は全体で1万何千食とかになりました。ものすごい数です。1日50食とか、そういうような数で出る所もあります。おそらく私のホテルも今そのような数字になっているのではないでしょうか。最優秀賞に選ばれますと、やはりお客様の数が増えます。インターネットでもホームページでも出ておりますし、それらをご覧になって来ていただきます。我がホテルの場合は予約なしでOKです。今年はお陰様で1位2位3位を取ってしまったんですね。ちょっとそれも、マスコミ受けはしないようです。あまりにも独占してしまったので。この審査はものすごく厳正です。まず写真審査、それからレシピと写真で審査、その後に現場で作って審査員が食べる。それも、どこの誰が作ったのかを伏せて食べてもらう。私たちは厳正なる選び方だと思っております。去年は最優秀賞は取れませんでした。優秀賞だけでしたね。今年は最優秀賞を取り、みんな他の旅館の施設のトップが悔しがっております。これはすごくいいことですね、悔しがるというのは。去年はうちが悔しがりました。今年は、よしがんばるぞという気持ちで、みんなで女性を集めて試食をさせたりしました。やはりこれは消費者がどう選ぶかなんですね。意外と調理人というのはものすごく自己満足なんです。俺の作ったものが食えないか、という感じです。そんなの食ってみなきゃわからないということなのですが。こういった取り組みが、大変今のところ松島を元気にしているなと思います。このパンフレットを持ってきたのは、あわよくばぜひ来てもらいたいなと思って持ってきました。

食・泊分離の新サービス

今まで松島は団体客が中心でした。しかし、お客様の層が変わってまいりました。私たち、受け入れる側もいろいろと変わらなければならないですね。今までは団体客が多かったと、おそらく他のおかみも、同じようなことをおっしゃっていたと思います。実は、宿泊費というのは、えらく不透明なんですよ。1万5000円とか1万円と言われると、そのなかでお部屋代がいくら、お食事代がいくら、わかりませんよね。これは昔からの旅館は、1泊2食、1泊して夕食と朝食を付けるというお値段で売ってきました。でも、私は違うと思います。私はいろいろなことをやりました。お客様からの予約の電話を受けていた時もありました。そうすると、お客様は1万円と1万5000円とで何が違うの、とおっしゃっていた。お料理もお部屋もランクが違います、というようなお話をいたします。だけど、ものすごくミスマッチになってしまいます。特に旅行代理店を通して来られるお客様は。なぜかというと、お客様から直接お話が聞けませんから。どういうお客様なのですか、どういった会合ですか、家族会ですか、同級会ですか、いとこ会ですか、昔は戦友会というのもありました。今は同級会が多いですね。会合によって、来るお客様の年齢層によって、食べたいものも違い、なかにはラーメン1杯でもいいよというお客様もいらっしゃるわけです。そういうところの対応がなかなか宿屋にはできません。できないのが当たり前かもしれませんね、特に大きくない旅館では。ですので、やはりお客様に対して自分のホテルや旅館の個性をはっきり述べるというのが、ものすごく大事だと思いますし、お客様も、どういう宿屋ですか、何が得意ですかと聞くことも重要だと思います。

それで、私どもでは、セレクトプランというサービスを導入しました。こちらの大きなパンフレット、これは我が社のパンフレットでございます。開けていただきますと、いっぱい色いろなプランがあります。左からいきますと、旬魚王国、世界グルメ紀行、これは泊まるところとお食事代が別々の表示になっております。それから松島の牡蠣を食べるコース、本格コースとか、宮城の丸ごと御膳とか、これはお部屋のタイプとお食事とでセットにして買っていただくように分けております。これも結構好評でございます。旬魚王国というのは、七ヶ浜の漁港から魚を持ってきております。ですから、小さな魚、大きな魚、いろいろございます。松島湾ではマグロは捕れませんが、やはりマグロは揃えておかないといけません。これは塩竈とか、仙台の市場に揚がったマグロでございます。それから蟹も捕れませんが、やはり海に来ているということで、蟹がいっぱいいると思って来られるお客様もいらっしゃいます。やはりイメージ的にも蟹を揃えておかないといけません。今、旬魚王国は、すごく人気です。こちらの方が５８８０円ということで、夕食だけですと世界グルメ紀行よりも高くなっております。こちらは和食の方をメインで提供させていただいております。それから世界のグルメ紀行は、和食・洋食・中華と本格的な料理を出しております。宿屋で中華の職人を揃えているというのは珍しいです。うちは中華のフルコースもできますので、松島だから和食でなければいけない、海鮮でなければいけない、ということはないと思いますので、ぜひご利用いただきたいと思っております。

それからお部屋がいろいろございます。洋室と和洋折衷です。できるだけバリアフリーということで、お部屋に入ったところは畳とか板の間が平らになるような構造に変えております。あと、あまりお値頃感だけを強調してもいけないということで、プレミアプランというのをご用意しております。これは和食・洋食・中華、全部総グルメで出してしまおうというコースです。皆様も、宿屋選びはその時のニーズに合ったものを選ぶよう心がけてください。小さな宿屋に行って、ひっそりと静かにしたいという時はそういうお宿、うちはすごく大きくて、子供たちが走り回っております。それがうるさいとおっしゃる方もいらっしゃいます。だけど、それがまた微笑ましいとおっしゃる方もいらっしゃいます。いろいろな方がいますね。子供の声がうるさくて困った、たばこのにおいがして嫌だった、私の部屋からは海が見えなかった、うちは海が見えるお部屋、見えないお部屋、はっきり申し上げたうえで、お客様に選択し買っていただくことにしております。海の見えない部屋は安いです。だから、例えばお料理を満喫したいと思う方は、海の見えないお部屋で安いお部屋にお泊まりいただくとか、いろいろな使い分けをしていただきたいと思っております。

観光、旅館、若者の将来について語る

観光業の将来　私は、将来、この観光業こそが、ものすごくいい仕事や産業になるのではないかと思っているんです。まず少子化、とにかく人口が減っております。松島町の人口もどんどん減っています。そして高齢化も進んでおります。人口が少なくなったら経済活動がどんどん落ち込んでいくのではないかと、大変心配しております。そのために、世界中からお客様に集まっていただいて、どうやってお金を落としていただくか、ということを考え

ていかなくてはなりません。それが地元の発展にもつながるのではないかと思っています。

旅館の将来

私がよく言って、よく怒られるんですけど、わが宿は土地が広いため、固定資産税がすごく高い。年間で何千万という固定資産税を払っております。それから水道代、下水道代、電気代、大変な金額でございます。1日何十万という金額でございます。年間に換算すると頭がちょっと痛くなりますね。それから給料、人件費。また、この観光業ほど、いろいろな経済波及効果がある産業はないとも言われております。まず、人を使います。食材も使います。飲料も使います。建物を建てるのに建築業者を雇います。お庭を手入れするのにも人が要ります。とにかく人を使います。それからモノを加工して、それを売る。モノを生産して、お客様に提供する。提供する従業員もひとつの商品となります。ですから、私どもは、できるだけ姿格好がいい社員を使いたいと思います。みんな働いているうちに、お客様と接点を持つことによって、どんどん綺麗になってきます。そして、お客様がお金を持ってきてくださる。また、お客様が来てくださることによって、お客様と対話することを通じて、私たちはいろいろなことを勉強させていただくことができます。こんなにいい仕事はないな、と私は思っております。

もちろん、それは大変な苦労ですよ。1日お客様のお命を預かりますので。そして、私ひとりでは何もできない。これはやっぱり社員の力を借りなくてはいけない。ということは、私の想いを社員に伝えなくてはいけないということです。そして、いろいろなアイディアを聞かなくてはいけない。どうも古くさい私たちの発想では駄目な時があります。だから皆さんは、ぜひ、いろいろな人の話を聞いたり、怒られたりして、どんどん勉強してもらいたい。やっぱり、他人様とコミュニケーションがとれない人は難しいと思います。特に、人の上に立つのは難しい。人の上に立つということは、何人もの部下を持つということです。そうすると、その人たちに自分の仕事を分け与えるということになります。お話をしなければ、仕事は与えられませんよね。昔は見て真似ろと言われ、親や職人からは何も教えられませんでした。だけど、昔の職人さんは、どうやって盗むかということを考えていたようです。今の若い人たちは、それではすぐ辞めていってしまいます。だから、科学的に論理的に教える、ということが求められます。また、自分の仕事を他人に教えることで、自分はそれ以上にステップアップすることがすごく大事です。いまの我が社の課題は、自分自身を磨くことが足りないということ。お客様がどんどん立派になってきております。手に入れられる情報も多くなっております。それなのに、うちの社員が、立派にステップアップできていない。教養を深めることも大事。いろいろな人の話を聞き、インターネットを見て、今の社会情勢はどうなっている、何が流行なのか、そんなことを一生懸命考えられる人間になってほしいと思います。

若者の将来

私は、いま、若い人たちのことをとても心配しています。いまの若い人たちをみていると、お話するのが面倒、失敗するのは嫌、だから何もしない方がいい、それでも生きていける。お家が豊かだから、そんなに困っていない。だけど、みんな考えていることと、想っていることは違います。だから、自分の意志を伝えたり、人の話を聞いたりしないといけない。宿屋の経営のやり方が違うように人間もオンリーワンです。本当にそれぞれ違います。オンリーワンだから良いんだということを、ぜひ皆様にも理解してもらいたい。また、オンリーワンだから会話が必要になるんです。このごろ電車に乗ると、乗ったとたんに携帯の画面をみんなが見始めますが、私はあれがとてもショックでした。電車に乗って、みんな下を向いて一生懸命携帯をやっている、それも年寄りの人たちまで。私は、もっとお話したら良いのにと思います。

ですから、コミュニケーション不足の解消が、いまの我が社のテーマです。今ちょうど30代ぐらいの人たちが、部下を育てなければいけないのですが、それができていない。ぜひ皆さん、それぞれ自分磨きをしていただきたいと思っています。そして数字に強くなり、外国語を話せるようになってもらいたい。私は話せません。せっかく父親が小学校時代から英語、英語と言っていたのに。それで、うちの娘には一生懸命覚えろと言っておりますが、あまり言いすぎるのも良くありません。ぜひ、みなさんは自主的に勉強してください。失敗を恐れずにいろいろな体験をしてください。それからみんなと大いに話をしてもらいたいと思っております。

私は、観光業というのはすばらしいものだと思っています。先ほども言いましたように経済効果はあるし。建物を建ててしまった以上は逃げられないんですね。最近、宮城県で工場の誘致に力を入れておりますね。でも、景気が悪くなるとすぐいなくなる。われわれは逃げられないんですね。だからこそ、地域の人たちと連携することが重要になります。ひとつの旅館だけが素晴らしくてもだめなんです。やはり地域が良くならないとお客様は来ない。だから、自分のところに誇りを持ち、自分のところにもっともっと良いものがある――ぜひそういう宝物探しをしてください。さらに地域振興に若い人たちが参加してくると、もっともっと輝ける地域が出てくると思います。地域との連携と共生が大事なんです。昨年のデスティネーションキャンペーンから、私たちはそれをすごく学びました。やはり地域に住んでいる人たちの力を借りないといけない、ということがわかりました。これからも、皆様のような地域の方々と積極的にコミュニケーションをはかり、連携を進めていきたいと思います。

（講義日　２００９年11月11日／編集担当　村山貴俊）

第2章

お茶と対話で旅人を癒す宿

大宮　富貴呼

旅館情報

かっぱの宿　旅館三治郎

■所在地：宮城県刈田郡蔵王町遠刈田温泉本町3
■連絡先：0224－34－2216
■創業年：明治初年
■客室数：24室
■http://www.sanjirou.co.jp

生い立ち

私、旅館三治郎のおかみをやっております大宮富貴呼でございます。本名は「ふきこ」の「こ」は「子」でございます。しかし数年前から私なりに考えて「富貴子」という名前から「富貴呼」と、改名ではないですけれど、そんなふうにしました。「ふきこ」の「ふ」は富士山の「富」、「き」は貴ぶという「貴」、そして「こ」は、日本の国、世界の国の富を自分に受けたい、そういうふうに人に好かれ貴ばれるような人間になりたいと、それを呼び込みたいという思いから「呼」と表記することにしました。

私は宮城県の蔵王町、昔は宮村でございますが、そこの旅館三治郎に生まれました。私の曾祖父《ひぃおじぃ》さんが三治郎という人で、明治までお侍だったせいで明治維新になって大宮三治郎に改名したのですが、そこから大宮旅館、旅館三治郎という名前になりました。

私はそうして蔵王の大自然の空気、水、それからさまざまな四季の香りを受けながら育ちました。そして白石女学校で学びまして、4年の卒業の1年前に終戦を迎えました。その後、宮城学院の家政科に入学させていただきました。女学校時代は戦時中でもあり、女子は大和撫子《やまとなでしこ》という教育を受けましたが、終戦後になって宮城学院に行きますと、そこはもう外国の雰囲気といいますか、先生方も雄々しいといいますか、そういった情緒的なものをたいへん体に感ずることができた、そんな雰囲気を受けながら卒業させていただきました。

それで私が母を大変誇りに思うことがあります。母はおしんさんの生まれた山形のずっと奥の最上郡の大蔵村という所で生まれて、小学校しか出ていないのですが、縁あって今で言う恋愛をして三治郎のおかみになったのです。大変働き者でした。その母が学問は大事だというので、私を女学校なり宮城学院を出していただいて、習い事もお茶、お花、踊りといろいろと習わせていただいて、ただ横文字もおたまじゃくしも弱いものですからピアノはとても弾けなかったのですが、そんなことで村一番の教育をさせていただいて、村一番の結婚式を挙げていただいたのです。

離婚を機に

それで私はたいへん恥ずかしいですけれども、学校を卒業しましていろいろなことを母に勉強させていただきまして、1回嫁いだんです。ところが私は当時20何歳でしたが、ちょうど私が嫁いだ先は飯坂温泉で、そこにお姑さんがいなかったのですぐそこの経営者（おかみ）になれたんです。それで私はたいへん思い上がってしまって、それに私なら絶対どんな所に行っても経営者になれるなんて自負を持って嫁いだので、そういう私のたいへんなわがままから見事に今で言う離婚というものになって、三治郎に帰ってまいりました。

その時は、すでに弟が旅館を継いでいました。昔の人には「三界に家なし」という言葉があるんです、わかりますか？　女がいったん嫁いだ以上、どんなことがあっても帰ってくることはできない。帰ってきても住む所はどこにもありませんよ、という言葉です。昔はそう言われたんですが、それをつい忘れましまして実家に帰ってきましたら、母に一番先に言われました。母に「自分なら飯坂温泉に行っても絶対に大丈夫だという自信を持って行ったのだから、自分のまいた種は自分で刈りなさい」と言われたんです。それから「もう私の家では、あなたを入れるだけの余裕がありません。まして弟にお嫁さんもいます」と。

今になってたいへん恥ずかしいとわかるんですけれども、あの頃は私も教養があると思ってハイカラぶっていましたから、そんな思い上がった気持ちで嫁に行ったものですから。それから私は初めて、女が生きるということはどういうものかということに葛藤したのです。その時、私には2人の子供がおりましたが、何とか生きていくのに何が必要かと考えました。そして子供に城を持たせたいという目標を掲げたのです。

そのように私には厳しい母で、クールで、私が苦しくて帰ってきたのに冷たいなと思ったのですが、でも母は仙台に小さい店を出してくれてそれを私に預けてくれました。それで私は何とかその小さなお店をやって成功したいと思ったんです。

それで私は、日本経営合理化セミナーで牟田学先生から社長業の第一の心構えということを教わりました。一番に独立不羈《どくりつふき》の精神を持つことであると言われたのです。独立不羈とはどういう意味かと辞書を調べてみたら、自分の心で考える力をまず作りなさいということ、それから自由奔放であっても決して定義を忘れてはいけない、ということだと学びました。そしてそれを持続する心が必要だということ。この独立不羈の精神がなければ、何事においても貫くことができないと知りました。

それから徳川家康の千姫の本を見た時に、千姫は豊臣家にお嫁に行って、豊臣家が没落したら他にお嫁に行って貞操観念がないと歴史でも言われておりますけれど、戦略や戦術のなかで使われ徳川家のために動かされた千姫でしたが、それをみてもやっぱり独立不羈の精神を強く持とうと、やはり城を持たなければならないと感じました。

そのことを意識しながら私は小さなお店をやったのですが、それは仙台の一番町、今の中央市場の向かい側の細い小路に開いた小さなおにぎり屋でした。そこで強い精神を持つことによって、商品にも、お金にも、マーケットにも、業績をどのように上げるかという競争にも、値段にも勝てるように、戦略、戦術にも長い繁栄をグランド的に描かなければいけないということを、その独立不羈という言葉のなかから思ったのです。そういう思いを掲げて、そうしてやっているうちに、いろいろなことで人生のひらめきが出てくるんですね。ですからそういう思いがなければ、絶対にひらめきは出てこないと私は確信を持って皆さんにお話できると思います。

三治郎の経営者となる

そのうちに三治郎をやっていた弟が亡くなりまして、私が長女ですから三治郎を継いで維持していきなさいということで、三治郎のおかみとして迎えられましたので、それからはずっとおかみをやることになりました。

それで旅館に戻りましたら、何が一番大切かと考えました。私は独立不羈の精神を強く持たなければと思っておりましたので、自分の発想をどういうふうに転換しようかと、それか

三治郎の外観

ら定義というものをしっかりどこに置いたらいいかと考えました。私は離婚組ですから、誰に相談することもできないし、子供もまだ小さいし。母からは自分のまいた種は自分で刈りなさいと言われて。母に「私は学問で苦労した。だからあなたには最高の学校に行かせた。もっとも最高かどうかは、それはあなたの解釈のしようであるけれども、親にとっては宮城学院というすばらしい学校を卒業させたのだ。その他に女としての習い事もいっぱい身に付けさせた。それを利用することができるかできないかは、あなたの心のあり方ひとつだ」と言われたのです。

その時私が感じたことは、物事を感じるのは、その人の心のレベルだと思ったんです。それから物事を考えるのは、その人の頭のレベルではないかと思いました。

今の時代にどんなレベルが大切かということを、皆さんすばらしいこの学舎にいらっしゃる方たちですから、そして最高教育を今受けている方なのですから、どうぞそういうことをご判断していただきたいのです。

でも私はとても頭のレベルでは考えられないし、時代については行けないけれど、だから心のレベルというもの、それをしっかりどういうものかやっていくことが、それがおもてなしにつながるというふうに思ったのです。

ですから心を重視したいと、それればっかり毎日考えまして、それにはどんな方法が一番良いかと考えました。おかみにとってのサービス業というのは、相手は動物ではないのです。ひとりの人間として、みんなすばらしい心を持っていて、人間の人格というものをきちんと踏まえた方が、私の三治郎にお客様としていらっしゃるんだと思ったのです。そのお客様に、どのように蔵王をアピールして、どのように旅館三治郎を売り込むかというふうに、私なりに日夜考えましたときに、ストーリーが大切だと思ったのです。

地域の宝　蔵王の自然

皆さん、蔵王連峰の遠刈田《とおがった》温泉は何年の始まりかおわかりになりますか。それは寛永元年（1624）なのです。その前から刈田岳《かったたけ》は噴火していたそうでございますが、寛永元年に伊達政宗公のお子さん（七男）の宗高さん（村田伊達家当主）という方が（噴火を止めて欲しいと願掛けをして）自分から人柱になったのです。18歳で元服しまして、刈田岳の熊野山に行った時に、熊野神社（現・刈田嶺神社奥宮）で「この命をあげるから蔵王の噴火を止め

蔵王連峰を望む温泉風呂

てください」と命願したんです。昔は願を掛けたら3年以内に死ぬと言われていたのですけれども、ほんとうに寛永3年8月13日に21歳にして亡くなられました。そして刈田岳の噴火も収まって麓の人々も救われたんです。そして村田の龍島院《りゅうとういん》というお寺に宗高さんの御廟がございますから、何かありましたら皆さんどうぞお参りしていただければありがたいと思います。

そんなことで刈田岳は火山帯であり遠刈田には火山帯から温泉の脈が流れていると、遠刈田の地下にはお湯の道があると聞かされたのです。その脈がどうして発見されたかというと、一番に人間が発見するのではないんですね。何百年前は動物が多かったのではないでしょうか。熊とか鹿とか猿とか。遠刈田ではその鹿が沐浴する姿を見て温泉の脈があることを発見して、遠刈田の温泉は今から３９０年前に誕生したということです。

そして私の家は藩政時代は片倉家（白石城主）の

配下として、そのなかで何代も続いて、侍といえども禄高は少なかったのですが、今はチーズ工場がある七日原という高原地帯を管理させていただいたのです。明治維新になりまして、私の曾祖父《ひいおじい》さんの大宮三治郎が、山登りをする人のために何とかして小さな憩いの宿屋を作ろうじゃないかということで、それが三治郎の湯治宿の出発点でございます。そして私が今現在5代目となります。そして私の息子の大宮幸博が6代目になっています。

旅館の経営とおもてなしの心

私は人生1回しかないと思って、それで人生五十年と言われていますが、私は20何歳までは学校の生活で、その時は修業の時代だと感じました。勉強しますからね。しかしそれからお嫁に行って社会人になると、自分の判断と自分の行動と自分の計画と自分の目標がなかったら、誰も助けてくれないのだと感じたのです。それで私は自分なりに50歳までには人生のライフワークを作らなければならないと考えました。その頃は厚生年金などはぜんぜんなかったので、どうすれば歳をとってから豊かになれるかなと。

それには何といっても三治郎が繁盛しなくてはならない。繁盛してお客さんに喜ばれる宿屋を作るにはどうするか、どうするかと、寝ても覚めても毎日悩んで、その時にまずひとつ、おもてなしの心の大事なこと、そして私の力は微々たるものだから、働いている方がいなければ、人の協力が必要だと感じました。私は運転できないですから、車に乗せてもらうのだって誰かの力が必要だというふうに感じました。

それから感性を豊かにしたいと。それは宮城学院で外人の先生の服装をみて感じましたね。それから情緒的なもの。蔵王町の遠刈田温泉には、四季の香りがいっぱいあるわけなんです。春は山桜が咲く、新緑のきれいさ、風がすうっとさわやかに流れてくる。夏になると非常に緑が濃くなるんです。雨が降るとすっかりほこりがきれいになって、また何という鮮やかな緑、力強い緑の新鮮さが目について。秋になると蔵王の紅葉がいっぱい私の心を和ませてくれる。冬になると、真っ白の銀世界になった時、私はこれが人生の最後の姿かなというふうに思いました。そんな四季を感じながら、それをお客さんに感じさせるにはどうすればいいかと考えました。

そうすると今でこそ遠刈田温泉もエコーラインの開通とか、そういう現代文明に乗って発達してきましたけれども、私がおかみになった頃は、まだ湯治宿の雰囲気をいっぱい持って、東北学院の皆さんにも、オリエンテーションの時に私の宿にも来ていただいたことがあるのです。そうやっていろいろな仙台の学校の方がいっぱいいらっしゃったのに、今では次々学校の生徒さんが来なくなってしまったのです。

それから老人会とかそういうお客様が来てくださって、その姿を見た時に、私はふと、あ、そうだ、私もこの姿になる時代が来るんだと。しかしこの姿になるまでに今現在に私に与えられた仕事はなんだろうというふうに考えまして、それには感性を豊かにしようと。

それから、始末・算用・才覚というものが経営者に必要ではないかなと思いました。それを身に付けようと思ったのです。そして、それには先ほど言った独立不羈の言葉を教えてくださった牟田学という、日本経営合理化協会の理事長になっている先生のセミナーに年に数回行って、そこで私は人生のヒント、経営のヒント、それから私のグランドデザインをどういうふうに描くかといったことをそのセミナーで勉強しました。

私は勉強ってすばらしいと思うんですね。でもその時は、私は必要に迫られて勉強したんです。そこで商いのヒントを一番先に勉強させていただいたんです。それで環境に順応した先を見極める心構えを持ち合わせていかなければ、経営というのはやっていけないですよ、とその先生から言われたんです。何年先、どのように社会は動くか。そして環境だって動くと、いつまでも春だというわけにはいかないと。春のなかでも大嵐が来たり、不慮の事故があったりする。そういうことがいっぱいありますよというようなことを言われまして。

旅への思い

それから情緒的な感性を身に付けるにはどうしたらいいかと思いました時に、私は旅が一番良いと思いました。旅が私の勉強の場だというふうに知りました。ひとりで旅に出てみると、いろいろな自然が語ったりしてきます。それから外国の交通の便も良くなりましたので、外国に行ってみると大変驚くことがいっぱいあるんですね。

学生時代に、私は上野の国立美術館が好きだったので、時々学割で勉強しに行きました。夜、仙台発の夜行列車で行って朝着いて。宮城学院では卒論を書かなければ卒業できないので、卒論で何を書いたらいいかと思った時に、私は家政科ですから、手近なものは何かと思った時に、当時の浮浪児をとりあげようかと思ったんです。あの終戦後の浮浪児の姿は皆さん想像できないでしょう。本当に食べ物もなにもない。それで私がまああの格好で上野駅に行きましたら、小さい子供の浮浪児たちが「おばさん、何かちょうだい。食べるものちょうだい」ってワーッと10人くらい押し寄せてくるんです。それで恐ろしくなってしまってね。

それで上野の美術館に行きましたら、ちょうどゴシック建築の柱があったんです。その柱に太陽がボーッとなった瞬間に「わあ、きれいだな、この柱」と思って、その柱を何とか卒論の研究にしようと思いまして。それからいろいろなゴシック建築の本を見て、それを卒論に書いて卒業させていただきました。そんな旅の思い出がありますが、今日こちらの学院のお部屋で、ちょうどゴシック建築のような柱を見て、ふと自分の学生時代を再び思い起こしました。

それからある時、ツアーでヨーロッパに行ったら、イギリスの郊外に野外劇場があったんです。これは女手ひとつで造ったのですよと言われたのです。石垣が積んであってそこで立派なコンサートをやったりする。これが女の力なんですということをガイドさんがお話してくれたのです。その女の人は一生をかけて自分の資財をつぎ込んで、人から何をやっているかと笑われながらも何年もかけてコツコツやって、今はすばらしい野外劇場ができて私たちに潤いを与えてくれています、というガイドの説明を聞いたんです。

その時にふと私も女ですから、離婚して女手ひとつですから、よし私もやろうじゃないか

湯治宿時代の三治郎

と。この女性がどんな女性だかわかりませんけれども、人間の力でやれるものなら私にもやれると。念ずれば必ず通じるものがあるということで、しつこさが必要だと感じました。それから私は、独立不羈の精神を強く強く持つようになりました。

ストーリーづくり

そして三治郎のグランドデザインと言ったら大きなことですけど、それをどのようにしようかと考えたとき、湯治宿《とうじやど》が原型ですから、決して湯治宿を失ってはいけないと。私の家は侍だったと言っても禄高が低かったので、明治維新になった時には冬は豆腐屋をやっていたのです。夏は山登りをする人の湯治宿。私が小学校までそんな状態だったんです。そして終戦後、エコーライン開通で、母が1泊のお客さん向けに必要だということで、今で言う富裕層を狙った小さな別館を造ったんです。

ということでこれまでやっていましたけれども、

時代の波についていくのには、人・物・金が必要なんですね。事業をやるのには。人は何とか昔の人の出入りはあるし、物は遠刈田の三治郎旅館と土地もありますけれども、しかしお金というものは経済効果をいっぱい上げなければ銀行からの融資も付きませんし、お金はなかなか引き出すのは難しいなと。それで母と一緒にたいへん悩んだ時に、私はストーリーを考えようと思ったんです。

三治郎の「格作り」があるんじゃないかと。大宮三治郎から何代も続いている。たとえどんなに古くさい旅館であっても、私はそこに生まれた娘だと思って。母は私に教育をいっぱいしてくださった。私は感謝をしながら反発したんですけれども、その母が日頃私たちに「あると思うな親と金、ないと思うな運と災難」と言っていたんです。「親の意見となすびの花は千に一つの無駄がない」ということと、質に入れてもお世話になった人への恩返しをするという感謝の気持ちを失ってはいけないということを、学問ではなかったですけれども言っていたんです。

それから私はイギリスに行ってあの野外劇場を見た時、女の人がひとつひとつ積み重ねてやったことが、そして今立派に私たちの観光ルートのなかに入っている。何年もかかって命がけでやればできるのではないかというふうに思いまして、そしてストーリーを作ることにしたんです。三治郎の物語ですけどね。

かっぱの宿の着想

それでいろいろ考えた末に「かっぱの宿　旅館三治郎」と銘を打ったのです。それでかっぱが三治郎にどういうふうに関係しているのとよく聞かれます。その時に私はこうお話するんです。

それは先程ちょっと申しましたとおり、我が家は藩政時代には片倉家の配下でした。片倉のお殿様は何といっても伊達家の家老ですから、宗高公の供養塔を建てに行かなければならないというしきたりがあったそうで、よく遠刈田にもいらっしゃったそうです。でも蔵王が噴火した時は、遠刈田の井戸は火山灰をかぶってしまい、お殿様にお水を差し上げることができなかったんです。その時この旅館のすぐ裏にケヤキの木があって、そのなかから出てくる湧き水がとってもおいしいと言われている水だったんです。そういうことでお殿様に差し上げたのが、お茶出しするひとつの元になったのです。

うちの父親の記憶では、その時、片倉小十郎公にお水を差し上げたのがうちの祖先の大宮三左衛門《さんざえもん》だったということです。片倉家のご子孫にあたる片倉信光様が今現在お元気でいらっしゃいますけれども、実はその方の所にお伺いした時、信光様から三治郎の祖先が片倉家の祖先（殿様）にお水を差し上げたことをご存知で、言われたことがあるんです。その時にお水を差し上げる格好がイラストに描いてあったんです。それが菅笠《すげがさ》と蓑《みの》を着ている姿で、それが目に焼き付いて感じたんです。あ、これはかっぱだ、と思ったんです。やっぱりうちの祖先はこうやってお水を差し上げたんだと。お侍がうちのお水を飲む姿や口をすすぐ姿がかっぱに見えたんです。それでやっぱりかっぱが私の家には大事なんだということで「かっぱの宿　旅館三治郎」という銘を打ったんです。それが私の物語なんです。

それでかっぱと関連しているものを学問的に見ていくと、かっぱは水の神様であり、かっぱは弁天様というふうに出てきたんです。かっぱは弁天様なんですって。それで弁天様というのは男ではないんです。女なんです。私は女でしょ。それで私は自分も弁天様になれるのではないかと思ったんです。でもまあ恥ずかしいですけどね、自分で弁天様なんて言うと。みんなにも笑われるんです。弁天様はきれいじゃないかと言われるんです。

でも私は必ず、セールスする時の自己紹介の前に「若さと美貌の」と付けて「若さと美貌の旅館三治郎の大宮富貴呼でございます」というふうに申し上げていたんです。でも今日は若々しい学生の皆さんの前で若さというのは、さすがにちょっと恥ずかしかったですけどね。でもそれで私は弁天様だと、弁天様はかっぱだと。それで「かっぱの宿　旅館三治郎」と付けたんです。それからここにちょっとしたお茶コーナーの雰囲気を出した場所を作りました。ケヤキの木から湧き出した水がそこからここに流れてきています。

旅館の格作り

それから格作りとはどんなものかといいますと、格というのはそこに与えられた祖先から伝わったようなもので、それでお客様を納得させるものはどんなものかということで、三治郎の今で言う個性というものを作り上げようと思いました。

どんな個性かと考えた時に、私の旅館は遠刈田温泉で一番高い場所にあるんです。そこで侍の禄高は少ないけれども、せめてお城のような石垣の格作りをしようと思って、石垣をずっと積みました。日本でも外国に行っても、お城には石垣が積んであるじゃないですか。いらっしゃったとき、ぜひご覧になってくださいませ。

そして、人・物・金といってもお金がなかなか大変ですから、その時に、知識と知恵のバランスをどのように組むかと考えまして、私なりに考えた個性作り、雰囲気作りをいたしました。

そのために私自身、本を見たりグラビアを広げたりして、焼き付くぐらいに見ました。今で言う家庭画報とかマダムとか昔はミセスという本もあったんです。それを見ていくと素晴らしい一流品がグラビアに出ていますね。ああいうものを見てこの一流品を、三治郎にどのように装飾したらお客さんに感動と感激を与えられるかというふうに考えました。お金をかけるのではなくて、その格好を取り入れていくんですよ。

それで自分が感性を豊かにしなかったら本を見ても効果がないから、いっぱい旅に出ました。外国にも行きました。私は外国のいろいろなものを見て、ヨーロッパも歩いて、イタリア、フランス、ギリシャ、スイス、ドイツにも行ってきたんですけど、ニューヨークに行った時は、アメリカの感覚にはついて行けないと思いました。アメリカというのは大衆性があって、瞬間的にはいいと感じたんですけど、華やかさというものは瞬間の喜びはあるけれども持続性はないと感じたんです。

それで私は思いました。三治郎は何百年の歴史があるんだと、この歴史のなかにお客様が感じられるように、自分の家で家族をお迎えする気持ちを出そうじゃないかと。お金をかけることではなくて、それには家族をお迎えする気持ちになろうと。

皆さん、遠くからこちらの東北学院の学舎に入学なされて下宿か何かなさっている人もいらっしゃるでしょう。私は宮城学院の時に3年間、下宿をしましたが、その時、何カ月ぶりに実家に帰っていくと、両親の喜びようと迎えようが違うんです。それがしょっちゅう行くと「また来たか」と言われるんですが。ふとそんなことを思い出しまして、お客様が1年ぶりとか、1カ月ぶりにいらっしゃる時、三治郎に来て良かったな、そして帰って行く時にありがとうと言われるようなものを、その感動、感激をどのようにしたらできるかを考えました。それで非日常性を与えてあげたいと思ったんです。非日常性というのは、自分の家では文明の電気洗濯機があり、掃除だって簡単にやれる、ご飯はスイッチオンでできる。ですからそういうことではなくて、やっぱり懐かしさをお客さんに与えてあげたいと思ったんです。

だって、うちにおいでになる方がみんなお年寄りなんです。それから若い人には、日本の国はこういうふうだったんですよということを、あなたのお父さん、お母さんはこんな生活をしていてあなたたちを育てたんですよということを、口で言わなくてもそういうものを感じる、日本人ならみんな感じると、そのような懐かしさを植え付けるような雰囲気を私なりに作りました。どうぞ皆さん、お時間がありましたら三治郎に来ていただいて、ご覧になってください。そして、ご指摘があれば私にいろいろとアドバイスをしていただきたいというふうに思っております。

みやぎ おかみ会のこと

今日はこの席に立たせていただいて、みやぎ おかみ会が協賛するおもてなしの経営学の初めての講義で、私がスタートラインのテープを切らせていただいたのですが、じつはおかみ会が発足する時は、自慢するわけではないんですけれど、みやぎのおかみ会が必要じゃないかと、みんな団結してと思ったのは私なんです。私は蔵王の観光でも何でも山形にだけ負けているのは嫌だと、そういう思いがあって、それが今のみやぎ おかみ会を発足させるひとつの動機になったんです。

それというのも観光のセールスで、東京で「蔵王の三治郎の」というふうに私が言うと「そうですか蔵王からいらっしゃったんですか」と言われるんです。そこまではいいんです。ところが「宮城県の遠刈田から来ました」というと「遠刈田ってどこにあるの？ 宮城県の蔵王ってわからないね」と言われるんです。私は反発して表蔵王と言うんですが、蔵王って山形県だと思われているんです。

それは（山形県と宮城県がそれぞれの県を代表する観光地として）どこを取ろうかと相談した時、宮城県は松島を取ったのです。何と言っても松島は、芭蕉が歩いて「ああ松島や松島や」と詠んだ所ですからね。それで山形県は蔵王を取ったんです。それで山形は蔵王を観光地として宣伝して、全国的に蔵王は山形のイメージになったのです

でも御釜はどこの県だと思いますか。あれは宮城県の財産なんですよ。山形県じゃないんです。その御釜は伊達宗高公が自分の命と引き替えに守ってくださったんです。その時、宗高公は21歳で亡くなったんです。21歳なんて、これから先の人生まだまだ謳歌できて、自分の目標を達成できるじゃないですか。私だったら死んでも死にきれないと思います。その人の思いが、私はあの御釜にあるんじゃないかと思ったんです。だから私は、あれは私たちの宮城の財産なんですと反発して、おかみ会でも山形蔵王に負けないように、「あなたたちは私たちの御釜でもって観光で暮らしているんじゃないか」と。これを山形に認識させてやろうと思ったのが、みやぎ　おかみ会の発足のきっかけのひとつになったのです。

宮城蔵王の観光資源

それで私は副会長を何年か務めましたけれど、私の所は小さな旅館ですから、全国の人と交流を深めるだけの知識も地位もございませんし、ハコ（旅館の部屋数）もありませんし、ですから2、3年副会長を務めまして、今現在は理事をさせていただいているんですけど、そういう間に、今度は遠刈田のおかみ会を作りました。それからちょうど白石蔵王に新幹線が停まるようになった後のおかみ会の発足でしたから、一番先に私はＪＲに行きました。そして仙南地区の地図にいろいろなコースを書いて宣伝のためにＪＲには3年行きました。

そのコースというのは、白石蔵王からずっと回って小原温泉まで行くコースです。皆さんは、小原から七日原まで来たことがありますか？　長老沼とか三住を来て、チーズ工場のある七日原の高原地帯を来て、そして遠刈田温泉に来るんです。それから、3月、4月頃の蔵王にいらっしゃったことがありますか？　ぜひいらっしゃってみてください。桃の花、梨の花がいっぱい咲くんです。あれを桃源郷と書きました。

それから宮の児捨川《こすて》はご存知ですか。その昔、小野訓導という小学校の若い女の先生が、子供が児捨川で水泳をした時に溺れてしまったのを、川に飛び込んでひとりの子供を救って、そしてもうひとりを救おうとした時、力尽きて亡くなったそうです。昔の女の先生は袴をはいていたんですが、その先生は袴をはいたまま川に飛び込んで、袴のなかに水がたまって溺れてしまったそうです。私たちも女学生の頃は袴と着物を着て卒業させていただいたのですが、今も大学生は女の方はそうですか？

その小野訓導の所を通って白石の方に行くという、そんなコースを私が書きまして、「会津のSLばかりアピールしないで、何とかうちの蔵王町をアピールしてください、蔵王の御釜は私たち宮城県の財産なんです」と。そうやってJRに3年間行きましたけれど、4年目に町長さんが代わって、その時に意見交換をしましたけれども、いろいろなことで違うことがいっぱいありましたから、これが私の引き時だと思って遠刈田のおかみ会の会長を辞めました。

それから行政をどのように考えているかということですけれども、私がいつも考えていることは、アクセスが悪かったら絶対にダメだということです。ですから行政には交通、道路の整備を絶対お願いしたいと再三言っています。

あともうひとつは、笑われるかもしれませんけど、私は20何年か前から、おかみ会で県の人とお会いする時にはいつも声高らかに「百年の計を県で立ててくれませんか」とお願いしているのです。皆さん、蔵王の渓谷をご覧になったことありますか？　えぼしのスキー場から眺める不動滝、三階滝の渓谷はほんとうに雄大で、これは第二の黒部になるのではないかという思いを込めて、県庁の人に会うたびに「蔵王の渓谷を全国にアピールしていただきたい」と申し上げているんです。黒部のダムと渓谷は皆さんもご存知でしょう。ここにもあのような渓谷があるんだと、その財産を生かしてほしいと、私は今も小さな運動をしております。そうすれば蔵王や遠刈田もいっそう有名になって、孫末代まで次の世代が喜んで旅館経営を引き受けてバトンタッチできるんじゃないかというのが、私の考えなんです。

今は旅館の跡継ぎもいなくて大変なんです。旅館は24時間勤務ですからね。それで労働基準からちょいちょい外れているのでお叱りを受けるんです。今は8時間労働だ何だと。それに対して私は反発するんです。「そんなこと言うのなら、あなたもお泊まりください。それで夜の8時、9時になったらぴたっとお酒をやめて休んでください」と言うんです。そういう人に限って10時頃までぐだぐだ言うんですよね。本当に腹が立つと思って、お役所には反発していますが、私は県にぜひお願いしたいと申し上げています。

でもおかみ会で時折そういうことを発言すると、「笑われるから言うな」と言われるんです。私は次の世代のことを思って、私がおかみをやっているうちに小さな運動でもやろうと。その野外劇場を造ったイギリスの女の方の思いが、私の心に熱く焼き付いて、それで執念を燃やしてやろうと思いました。その執念が三治郎の格づくりでは、私も少し三治郎の決定権があったものですから、計画、行動、実行させていただいたんですが、県にはなかなかそれができません。

ただ女の小さい力ですけど、誰かひとりでもいいからこの世のお役に立てる人がいればいいなと思ってね。誰のためにやっているんじゃないんです。自分のためなんです。三治郎が三百何十年も生かされているのは私の力じゃないんです。やっぱり祖先の力であって、両親の力であって、そして地域の人の力であって、お客様が支えてくれた力があるからこそ、今日、大宮富貴呼が存在しているのではないかという大きな感謝の心を込めて、何かお役に立ちたい、そんな思いでいます。

今度、遠刈田に森ビルが来ます。それから、ロイヤルホテルには大和ハウスも来ています。それから竹泉荘という旅館がおやめになって、それを香港のリゾート会社が買い求めているんです。それで香港の方にお会いしたんです。その時一番最初に「なぜこんな山のなかに来たんですか」と聞いたら「自然が良い」と言われました。香港にキャラバンで行ったことがあるんですが、香港には雪がないでしょう。自然だってないじゃないですか。今まではイギリスの感覚でやってきて、ブランドものはいっぱいあると思いますが、遠刈田のような自然はないと思いました。それで遠刈田の自然があるところへおいでいただいたんですけど、「こちらには何でいらっしゃるんですか」と聞いたら、飛行場から車で来ると言うんです。「それならその道路が外車が通るにはちょっとお粗末だと思いますから、どうぞ道路にお金を出していただけませんか」と言ったんです。そしたら向こうは苦笑いして聞いていましたね。

おもてなしの心を求めて

おもてなしということは、日本の文化だと思います。その日本の文化は、外人にはまねできないと思います。私たち日本人でなければ、細やかな感性はとても表現できないと思います。それがおもてなしであって、そして感謝、ありがとうという気持ちであって、どうすればお客さんに喜んでいただけるかなというふうに、私は日頃から考えております。

最後ですが、私は「すてきな笑顔がこぼれる心の通じるおもてなし」というものを社訓にして、毎朝11時になると唱えているんです。どうぞこれを皆さんに見ていただいて、三治郎は資本も大手ではありませんが、零細企業で家業でございますので、経済効果も大きくは飛躍できませんので、お金のかからないおもてなしが本当のおもてなしではないかというふうに思っております。それは、真剣に念じて考えることです。

私は、スピード感がなくてはだめだと思うんです。それから、本心・本音・本能・本筋・本当の心がなくてはいけない。それが私の哲学です。そして私のこれからの夢は、一期一会という言葉がありますけれど、再びの出会いができるように、感激・感動・感謝という言葉が私は大好きなんですが、そういう言葉を心に秘めながら、日々、朝の7時から9時まで毎朝、何か出張や旅行でない限りは必ずお茶出ししております。お泊まりいただかなくても結構ですので、朝、どちらかにお泊まりいただいたら、私のお茶を飲みに来てくださいませ。田舎のお茶だけれども、本当に心を込めた私のお茶を差し上げたいと思います。

おもてなしという言葉は、どこから出てきているのかというと、日本の本当の文化なんですね。私は女学校では大和撫子を教わって、宮城学院では外人の先生との交流もございましたし、そういうものをミックスしながら自分なりに考えて、おもてなしというのは、外国にはそういう言葉はないと。やっぱり日本の言葉で、大切な伝統の言葉ではないかと思うんです。ですから私は自分自身に確信を持って、その日本の文化を大切にしたいと思います。

本当に今日は、このような皆さんとの出会いをさせていただいたことを心から感謝いたします。私の夢ですが、必ず人生1回は別世界に行かなければならないですよね。別世界に行くときに、私は決算書を持って行こうと思っているんです。それが私個人の祖先に対する礼だと。こういうものを与えていただきました、それを私なりに知恵を絞って、学校に行かせていただいて、それをミックスして、三治郎を今現在このくらいまでにいたしました。私の精一杯の力を、誠実をもってやりました、という決算書を持って行きたいと思っています。

それから最後ですが、笑わないで聞いてください。私はあのひとつひとつ野外劇場を造ったイギリス人に負けないような人になりたいという小さな力で、いま三治郎の蔵王左エ門《さえもん》コロッケというレストランを作り始めています。79歳の私ですが、人・物・金はどうなるかわかりませんが、始末・算用・才覚をこれから先も勉強して、12月にオープン予定です。

今度、蔵王左エ門コロッケができたら、必ず皆さんのところに持ってまいりますから、その時に食べてみてください。地産地消といって、蔵王は里芋が有名なんです。里芋のコロッケ、キノコ、山菜、そして果物があるんです。いま一生懸命、リンゴのコロッケ、梨のコロッケを、79歳の私なりにチャレンジ精神を持って一生懸命がんばってやりたいと思っています。

どうぞ皆さんに、私のコロッケを食べていただいて現代感覚でご助言いただければ、本当にこの上ない幸せでございます。私も負けずにがんばります。どうぞ皆さんも負けずに、今の環境に対して感謝の気持ちを込めて、頑張っていただきたいと思います。

本日はまことにありがとうございました。

（講義日　2009年10月14日／編集担当　斎藤善之）

第3章

対話と心理学による顧客サービス

四竈 明子

旅館情報

旅館かつらや

■所在地：宮城県白石市小原字湯元 23
■連絡先：0224－29－2121
■創　業：江戸初期
■客室数：56 室
■http://www.katsuraya.com

外　観

小原温泉について

小原温泉は、鎌倉時代の末に見つけられた温泉と言われています。物語的に言われているのだと思うんですけれども、義経さんが平泉に落ち延びるときに一行が通りまして、一緒についてきた常陸坊海尊という方が体を悪くして、白石で少しお休みになったらしいんですね。その時に山を歩いて見つけたのが小原温泉なんだそうでございます。単純アルカリ泉で、結構お肌がすべすべになる温泉でございます。

昔は洞窟風呂みたいなところが小原温泉だったんですけれども、その後それぞれの旅館で源泉を掘って、今では各旅館が内湯に源泉を引っ張っています。大変恵まれていることに、それぞれに自分勝手に使える源泉を持っているというのが小原温泉の強みだと思います。

自然に恵まれた立地

かつらやの歩み

私の「四竈」という苗字は大変珍しいと思うのですけれども、大崎市に色麻町があるんですね。そこのなかに四つの竈と書く部落がありまして、どうもその辺で、何かそこにいられないようなことをして逃げ延びてきたらしいのです。何をしてきたのかはわからないのですが。そこの四竈を名乗って小原の山のなかに隠れ住んだらしいです。隠れ住んだ近くに温泉があったものですから、湯守という形で近郷近在の方をお泊めしていたらしいです。

今113号線になっております道路は、うちの9代目さんあたりの時、明治時代に工事をして造ったと言われています。それ以前は4号線から山を越えてきたらしいです。その113号線ができてから、大変便利になっています。

昔は湯治場でございました。馬車で、皆さんお布団とか鍋釜を背負って、小原温泉に泊まりにいらし

清流を望む露天風呂

て、1カ月とか2カ月とかご飯を自分たちで作りながらお泊まりになっていたというのが、当時の湯治スタイルだったようです。

うちは、昭和38年3月に火災で全部焼けまして、その湯治場だった建物がなくなってしまいました。その後に、今の川に面している方の古い本館が立ち上がったのが昭和39年で、オリンピックの年だったんです。その時からまた改めて営業を始めて、今に至っております。当時、火事で焼けて建てたときの総工費が1億円だったようですけれども、つい20年前に別館を建て増ししたときは10億かかりまして、時代的に貨幣価値が10分の1だったのかなと感じさせられました。

おかみとは

教師からおかみへ　私自身は宮城学院で音楽をやっていたものですから、一番最初、中学校の教壇に立ちまして先生をしました。もともと人前で話をしたりお友達をいっぱい作ったりするのが苦手な性格で、ちょっと信じられないでしょうけれども、お友達は1人か2人と深く狭く付き合うたちだったのです。小学校の卒業式の時に別れの言葉を言えと言われて、泣く泣く先生にぜひ外してくれと頼んだくらい話すのが苦手でした。一応教壇に立ちまして、でもなぜか不思議と生徒さんの前で話すのは平気で、音楽が得意分野だったからなんでしょうか。ただ大人の人が混じると話せなくなるという、そういう性格でした。旅館に嫁いで、37〜38年経ったときに、うちの父親も招待された宴会があったのですが、その席でカラオケで歌いましたら、おお、明子も歌を歌うようになったのか、なんていって感激された思い出があります。それほど内気で内向的な性格だったのが、40年経ちますとこうなるんですね。これは本当に環境と、お客様に育てていただいたお陰かなと思っております。とにかく、皆さん学生さんの時に「おはよう」「おはよう」こんなご挨拶しかしませんよね。例えば大人の人がいらしても「こんにちは」なんて、ものすごく丁寧に言ってご挨拶しますか？　軽く「こんにちは」という感じでしょう。私も旅館に嫁に行きまして、そんな感じで「いらっしゃいませ」「こんにちは」なんてやっていたら、お前のところの嫁は頭が高いと言われたんです。別に悪気はないのだけれども、ああ、もっと丁寧にしなくちゃいけないのかなと、その時思いました。あと「いらっしゃいませ」とか「ありがとうございました」と言うのがとっても恥ずかしくてね。スリッパを並べたりするのも、何でこんなことをしなきゃならないのかなと、非常に屈辱的に感じたりもいたしまして、旅館に嫁いだのをちょっと後悔しましたね。その時ひしひし思ったのは、頭を下げられてお金が入る職業と、頭を下げなければお金がいただけない職業があるんだなと、非常に単純なことなんですけれども初めてその時に気が付きました。音楽をやっていたので、学生時代からアルバイトでピアノを教えたりしていたものですから、あまり苦労しないでお小遣いが稼げたんです。結婚するときに180万という貯金を持ってまいりました。今で言うと多分1000万円位の貯金だったんじゃないかと思うのですけれども、結構楽をしてリッチに稼げました。特に学校の先生だったから、あまりサービス業みたいな挨拶はしなくて済んだと思います。

でも、何十年か経ってみて、やっぱり「実るほど頭を垂れる稲穂かな」と昔の人が言った言葉が、本当だなあというのがわかりました。それがわかったのは30代半ばになってからでしたね。自分に自信があれば、いくらでも頭は下げられるということがわかったのは、旅館業をやって培われた感覚かなと思っております。別におかみさんになりたくて旅館に嫁いだわけではなくて、うちの旦那様を好きになってしまったもので、しょうがなくて旅館業をやっていたというのがまず初めです。私みたいなのではなくて、本当に旅館のおかみさんがやりたくて、仕方なく、この人は好きではないけれども嫁に行くか、という人もなかにはあるみたいですけれども、私の場合はあんまり商売とかは好きではなくて旅館業に入りましたので、結構大変でした。その頃は嫁さんですから、最初のうちは雑用係です。従業員のご飯を作ったり、皿洗いをしたり、人手が足りないと女中さんや接待さんのお手伝いをしたり、子供も背負って、とにかく何でもやらざるを得ない、そういう環境にありました。10年間は陰（裏方）の仕事をして、私はいったい何をやっているんだろう、こんなことをやって一生終わったら、音楽科を出るのにお医者さんになるくらい親にお金を掛けさせて、私は娘2人の長女だったので、本当は家を継がなければならない立場だったんですけれども、親をぶん投げて嫁に来てこんなことをしていたのでは、ちょっと申し訳ないな、と。

では、私でなければできない仕事って何だろうと考えまして、旅館に若おかみはひとりしかいないんだ、若おかみでございますと言って、皆さんにご挨拶したりおもてなしをしたりできるのは私しかいないんだと、ふと思いつきまして、ちょうど11年目に入ってからお客様のところに出るようになったんです。ご宴会やお部屋に、ご挨拶をして回るようになりました。最初は、お姑さんもうちの主人も、あまりそういうことをしてほしくなかったらしくて、ご飯を食べに帰ってみるとご飯がさっと下げられていたり、あなたの分は専務にやったからねと言われたり。別に調理場に行けばいっぱい食べ物はあるので餓死することはないのですけど、遊んできたわけではないのに働いて戻ってきてご飯を食べようと思ったら、それがない。それはちょっと悲しい思いをしましたけど、それに負けてはいられないと。とにかく3年間、お客様のところにお顔出しをしたら、いっぱいお得意様が増えまして、白石にある工場とか会社の接待のお客様がおいでくださるようになって、それから旅館業というのが楽しくなりました。商売をしていたらお客さんを余計に持っている人の方が勝ちだというのは、実践して感じたことです。お客様がいっぱい付いてくると、それまで意地悪した人もしなくなりますのでね。大事にしてくれるようになりますので、おかみというのはいかに自分のお得意様を作るかということで、かなりパワーアップできるのではないかと思いました。

結婚して20年目の時に、別館を建てまして、その時12億の借金をしましたので、今は借金コンクリートで、銀行からも「やいのやいの」と言われております。今、旅館業というのは大変なんですね。日本全体の経済も冷えきっているし、それ以上に、旅行や旅館に泊まるというのは贅沢なことですから、不況になって一番最初に打撃を被るのが旅館業とか観光業なのではないかと思います。去年から今年にかけて、宮城県内で8軒の旅館が潰れたと言われているくらい、今、旅館業界はちょっと大変な時期です。こういう時期だからこそ、本当に自分のお宿の特殊性とか喜んでもらえるものを考えて、提供していかなくてはならないんですけれども、残念ながら我が家は山のなか過ぎて、若い方がお勤めにいらっしゃりづらいんですね。どうしても従業員が年配の方で固まってしまっているので、その人たちの意識を変えるというのがとても大変です。やっぱり歳をとってくると、どうしても楽な方に流れるし、お仕事は極力少ない方が良いし。仕事は楽で給料は高い方がいいというのは誰でも同じなんですけれども、そういう意識をどうやってもう少し前向きに、一生懸命やったことによってお客様から喜んでいただいて、そしてまた収入も増えるんだということをどうやってわかってもらうか。これに頭を悩ませている今日このごろでございます。とても難しいです。

顧客対応のコツ　このなかで、おかみさんになってみたい方はいらっしゃいますか。私みたいな内向的な人でもなれましたからね。よくお客様に、おかみさんの自分のセールスポイントは何ですか、と聞かれるんですけど、多分私は「きかないことだと思うよ」と答えるんです。悪い意味でのきかないことではなくて、何が起きても何かに潰されても、絶対潰されっぱなしにはならないという、そういう負けん気の強さがあれば、おかみさんは誰にでもできます。「わぁ〜、言われたからだめだ」というのでは、駄目ですね。

若い時に、ある田舎の権威ある某クラブ組織の団体のお客様がいらしたことがあったんです。それで、芸者さんを予約してくださいと言われて、うちのフロントが芸者さんを2人予約しておきました。ところが、芸者さんの方で忘れていたんですね。時間になってもなかなか来ないものだから、私は「すいません。ちょっと向こうの方で確認不足だったみたいで遅れているので、お詫びにお酒をお持ちしました」と言ってお詫びにあがったんですけど、そうしたら、「遅れているのは俺たちには関係ないから、旅館の手配が悪いんだろう」と言われまして、旅館が悪いんだからお前がストリップして謝れと、こうきたんです。その時に怒った顔をしたら負けですから、にこりと笑いまして、「私のストリップなんて見たって仕方がないでしょう。もし、本当にお腹立ちでしたらば、お金をお払いにならないでお帰りになって結構でございますよ」これね、ツンと目をとがらせて言ったのでは駄目なんです。にこやかに言って、どうぞお支払いしないでお帰りいただいて結構でございますからと言ったら、そのきっぷが気に入ったから、来るまで待っていて後は楽しもうということで落ち着いたんです。けど、お客様でも酔っぱらうとどうしようもないことを言う方もいらっしゃるんです。旅館業をやっていてつくづく思うのは、金を払えば何を言っても何をしてもいいんだろうと言われると、人間としてこういう人がいるのかなとつい思ってしまいます。お客様にはお客様としての、ある程度のマナーは守っていただきたいなというのが、おかみの独り言でございます。

あとは、夜中に火災報知器が鳴ることがあるんです。ある夏の夜でしたので、私もムームーみたいなのを着て、髪の毛を巻いて、それでも非常ベルが鳴ったので出ていったんです。そしたらお客様がワイワイと出てきていて、間違いだったということで落ち着いたんですけれども、その時お客さんに、「おかみさんも夜になるとそういう格好をしているんですか。うちのかあちゃんと同じだな」と言われました。いくらおかみさんだって、夜まで着物のままで寝ていられませんのでね。夜はやっぱりゆっくりと眠れるようなスタイルでおりますので、極力、夜中のトラブルは起きないでほしいと思うんです。でも、やっぱり間違って鳴ったりとかは、時々あります。

母であれ　旅館のおかみというのは、テレビではすごくかっこいいというか、ちょっと憧れの職業に見えるかもしれませんが、そのお宿お宿によって、また規模によって違いますけど、我が家の場合は雑用係みたいなオールマイティーでなくてはいけない。例えば、接待さんの手が足りなければ足りない所を手伝ってあげる、足りているときはおうように構えていられるのですけど、とにかく旅館にとっては母親的な立場ですね。もちろん実質的に母親なんですけど、社員にとっても母親であり、お客様にとっても母親でありという、そういう気持ちを持っていてあげること。一緒になって喧嘩したり落ち込んだりしていると、どうしても空気が暗くなりますので、嫌なことがあったときほど、大丈夫、大丈夫、そんなに気にしなくていいからと言ってあげないと、社員の顔が暗くなってお客様にすぐ伝わるんです、不思議とね。その辺は大変たくましく、タフになってきます。若いときは多分、悲しくて辛くて泣いたことがいっぱいあったんですけど、このごろは涙をどこかに吹っ飛ばしてきたかなと思うくらい、落ち込んでめそめそ泣くという、しおらしさがなくなってしまったんです。悲しいことにね。いつもみんなに頼られているという感じはあります。だんだんに頼られるような性格になってくるのかな、いろいろ大変なことをくぐり抜けてくるとね。

おかみというのは母であり、大袈裟に言えば太陽のような存在でいなければいけないのかなと思っていますので。本当はつらいことだっていっぱいあるんですよ。でも、それを顔に出して落ち込んでしまうと一緒にみんなで落ち込んでしまうので、せめて私ぐらいは元気でいようと、この老骨に鞭を打ってがんばっております。

旅館業の苦境と人材確保難

現在、旅館業は結構大変です。本当は人材も、皆さんみたいに若くて優秀な方々が揃ってくれればどんなにいいかなと思いますけれども、人材募集中という感じです。皆様もこれからいろいろな会社に入られて、優秀な人材として活躍されると思いますけど、私は人というのは財産だと思うんです。ですから、この「人材」のほうから徐々に「人財」の方になっていけるようにがんばってほしいなと、うちの人たちもそういうふうに育てなくてはいけないなと思っています。でも、人には必ず良い所と悪い所と、完璧な百点満点はないと思いますので、私は80点とっていたらすばらしい方だと思うし、70点だって立派なものだと思っていますうちの社長は（旅館の息子というのはどちらかというとお坊ちゃん的なところがあるので）、何でも人がちゃんとしないと駄目なんです。何でもパーフェクトにしないと騒ぐんですけど、私は80点とっていれば十分じゃないと、いつもそれで喧嘩しています。私自身にも、機械のことでも何でも、とにかくすべてを把握しろと言いますが、その辺は開き直って、私は全部はできません、役割分担をしてくださいというのを、しつこく言っているんです。

今家族は、主人が社長で、私が常務で、3人いた娘のうち真ん中のがおいてけぼりにされて、しようがなくて家を継いでいますけど、とりあえず家族が3人なので、社長は対外的なこととか銀行との借り入れとか返済とか、そういうのをしています。私は、お客様のおもてなし、接待、ご挨拶、それから、日々集計したお金が上がってきますので、それを経理事務所に渡すためにコンピュータに打ち込んだりしています。その他、家族のご飯は私が作ります。家事全般をします。何で手を抜くかというと、我が家の掃除が一番手を抜かれているので、前もってアポを取ってからでないと私の自宅にはお招きできません。だって、洗濯しなければ着るものがなくなるでしょ。ご飯を作らなければ食べ物がなくなるでしょ。炊事と洗濯は欠かせない。そうすると、どこかで手抜きをしないと体がもたないと、お掃除の方についいっちゃうんです。そのように、抜く所と力を入れる所を上手にやっていくようになってしまうんですかね、要領よくね。皆様も結婚されて、いろいろしなければならなくなると、多分どこかで要領良くなっていくだろうと思います。それが生活の知恵だと思いますので。そんな形で、うちの娘の仕事は、主にコンピュータというか、今ネットエージェントというのが大変多くなっております。おわかりになりますか。「楽天トラベル」だとか、「ゆこゆこ」とか、「じゃらん」とか、インターネットで予約が入ってくるんです。そのネットエージェントの方を娘が主にしています。早く私の代わりにおかみ業に専念してもらえるといいんですけど、なかなかパソコンをいじれる人とかネットエージェントに対応できる人がそれこそ人材不足で、今のところは娘がしています。

おもてなしとは何か

おもてなしというと何を想像されますか。ちやほやして、大事にして、何かしてあげて、何かお酒をお出ししたりとか。そういうことだけがサービスではないと思います。おもてなしというのは、自分がしてほしいと思うことをしてあげること、してほしくないことはしないこと。私は単純にそんなことじゃないかなと思うのです。例えば自分が旅館に泊まったら、どういうことをしてほしいかな、私はあんまり接待さんとかにこまごま部屋に入って来てほしくない方なものですから、どちらかというとおもてなしもあっさりしているかもしれない。ただ、今は核家族というか、昔みたいに隣近所とのコミュニケーションとか、家族とのコミュニケーションとかが、昔に比べると少なくなっていると思うんですね。そうすると、お宿にいらしたお年寄りとかは、声を掛けてもらうのが何より嬉しいらしいんです。お話相手になってくれる。とにかく、何でもいいからロビーを歩くときは、お客様に「おはようございます」昼頃になっても初めて会ったときは「おはようございます」と言うんですけど。あと、「今日はいいお天気ですね」とか「お散歩してこられましたか」とか、何でもいいから声を掛けてあげると、ほっとするというんでしょうか。昔ですけど、長良川にすごく立派なホテルがあって、そこにお泊まりしたことがありましたが、フロントさんはみんな若いぱりっとした方々なんです。こちらで、「何かちょっとこれはどうなんでしょうか」とか、「どこがいいですか」と伺ったときに、その問いにちゃんと答えてはくれるんですけど、目が笑ってないのね。表情が冷たい。要するに、慇懃無礼という言葉はわかりますか。立派に受け答えはしているんだけれども、ちょっと上から見てばかにしたような話し方をする人と出会ったことはないですか。あるよね。腹立つのよね、ああいうのはね。この人、サービス業に向かないな、とその時思いました。やっぱりお客様に喜んでいただくということは、こちらも心を込めて接する。大変な時もあるんですよ、忙しくて、いろいろしなければならないことがあるのにな、この人につかまっていたら遅くなるな、と思う時もあるんですけど、そういう時でも表情をにこやかに、極力効率のいい話し方をして、お客様に安心してもらうということを心がけています。

旅館業だから、おかみだから特別なことをしているわけではなくて、人間として、相手の方が何をしてほしいのかなということを、サービス業は先読みするということが大事なのではないかな。例えば、フロントに立っています、お客様がウロウロと歩かれます。そうすると、お客様から聞かれてからではなくて、「お客様、何かお探しでございますか」と、こちらから声をかけてあげる。ウロウロ探してお風呂はどこですかと聞かれるまでズデンとこうやって立っているのでは、やっぱり失格なんですね、サービス業は。旅館業に就いている方は、勉強ができたとかできないとか、そういう問題ではなくて、要するに、人の気持ちがどれだけわかるか、ということだと思いますね。本当にサービス業というのは、心理学の世界だと思うんです。心理学というと難しい話になりますけど、相手が何を望んでいるか、例えば社員に対してもそうなんですけど、顔色が悪いかな、元気がないかな、このお客様は何かちょっと不満なことがあるかもしれないなというのが、だんだんにわかってくるようになるんです。表情とか見てると。怒ったような顔をしている人には、なるべくニコニコして近付いて、何かございますかとか、何かお探しですかとか、相手の気持ちを最初に和らげてあげるというのがすごく大事で、難しくはないんですけど、なかなかそれをする人が少ないかな。皆さん日常生活していて、こっちの方から、「あなた、元気ないじゃない」と言うとしたら、それはよくよく親しい人だけですよね。旅館業というのは、とにかくその辺を通っているお客様、初めて会った方でも、具合悪くていらしたのかな、それとも、時々家出してくる方もいますから、何か心配事でもあるのかな、などと気にかけてあげる必要があります。

そういう意味では本当に心理学の世界で、お客様の心を先読みするというのが私たちのとても大事な仕事かなと思っています。従業員全員にそうしなさいと言っても多分無理なので、できる人もいるし、できない人もいるので、それを極力多くの方と接してお客様の気持ちを吸収していくのが、旅館での私の仕事です。

旅館経営のリスクとやりがい

リスク

あと、日帰り入浴でいらっしゃる方もいっぱいいます。いま温泉ブームですよね。お風呂だけ入りにいらっしゃる方もあります、手ぬぐいぶら下げて。それで、うちであったことなんですけど、お風呂に入りに来ます。そうすると、泊まっているお客様が鍵を持ってお風呂場に行って、脱衣かごに鍵を入れておきますね。その入っていらしたのを見て、その鍵を持って、お客様はお風呂だから最低でも15分位は入っていますでしょ。その間に鍵を持ってお客様の部屋に行ってお財布を盗むとか、そういうことをする人もなかにはあるんです。うちだけではなくて、そういうことが続きまして、ちょっとお部屋を空けるときとか、鍵を置きっぱなしにしなければならないときはフロントにお預けくださいというシステムを作りました。旅館業はそういう怖さもあります。殺人犯が泊まっているかもしれませんし。考えてみるとわからないでしょ。泥棒さんが来るかもしれないし。本当に人間として不可抗力なことがいっぱいあるのですけど、極力事故や事件を起こさないで済むように、そのためにはお客様ひとりひとりを気を付けて見るということが、とても必要になってきているのかなというのが実感です。もちろん99％は良い方々なんですよ。やはり1％ぐらいトラブルになることもあります。でも、その時何かが起きたらすべて経営者の責任になりますので、考えてみると大変なんです。一番大変なのは、多分火災になったときだと思います。そうならないようには気を付けていますが、寝たばこなどで火事を出されると本当にお手上げです。

やりがい　旅館をやっていて楽しいことは、いろいろな方とお知り合いになれて、いろいろなお客様にいろいろなことを教えていただけます。若いときには、こうした方がいい、ああした方がいいと言ってくださるお客様はとてもありがたくて、育てていただいたと思っています。種子島の宇宙ロケットセンターのお客様がいらっしゃると、打ち上げのことなどを話してくださったり、ぜひ今度は見にいらっしゃいなどと言われて、夢がふくらみます。行きたいと思ってもなかなか行けないんですけどね。そういう専門的なお客様がいらっしゃると専門的なお話を聞かせていただくので、いちいち本を開いてみなくても耳学問でお利口さんになれている、お金をいただいて勉強させてもらっているというのがあります。これは大変得なことですよね。普通は授業料を払ってお勉強するのですけれど、私はお金を頂戴して勉強させていただいている。サービス業の得な所です。

どんな仕事でも、どんな生き方でも、良いことと悪いこととは必ず裏腹にあると思うのです。例えば結婚して良いこと、結婚しない方が良いこと、子供がいて嬉しいこと、子供がいる故に苦労しなくてはならないこと、多分皆さんもご両親に苦労をかけていることもあるんじゃないかと思いますけど、旅館業をしていてとても良いこと、とても大変なこと、公務員になってとても良いこと、ちょっと大変なこと、必ず背中合わせでくっついていますから、嫌なことだけ見たらどんどん暗い人生になっていきますよね。最初、旅館業に入ったとき、土曜、日曜が休みじゃないでしょう。土曜、日曜は忙しいから絶対遊べない。つまらないなぁと思ったんですけど、土日の混んでいるときに出掛けないで平日の空いているときにゆったりと出掛けて、旅館に泊まるのも土日は高いから平日の安いときに泊まれる。それは私のお仕事上の得なことです。そういうふうに、嫌なことは極力見ないで、すごく自分にとってメリットになっていることを見ながら進んでいくと、楽しい人生になるんじゃないかなと思いますね。

思い出そして未来へ

思い出　うちのお姑さんが亡くなって13年目になりますけど、子供がいなかったんです。うちの家庭環境を申し上げますと、お姑さんの旦那さんは戦争で亡くなって、子供がいないうちに亡くなってしまったので、私の主人が亡くなったお父さんの甥っ子だったためにもらわれてきて、養子になったんです。他人の関係の親子で暮らしていましたので、ちょっと親子関係がギスギスしておりました。例えば、母と主人と私と3人でご飯を食べていると、必ず主人と隣り合わせになるわけです。すると、２人並んでご飯を食べているのを見ただけで腹が立つと言われたぐらい、２人揃っているのを見るのはしゃくに障るというお母さんだったんです。結構私もしんどい思いはしたんですけど、でも、亡くなる近くになってから出入りの業者さんに、「うちの嫁さんはきかないけど、あの人にしかここはもっていけないわね」と言ったそうです。少しはこのきかなさを認めてくれたのかな、と思ったんです。

そんな感じで、亡くなられてみると、女２人で同志だったのかな。それぞれに競い合いながら、負けたくないという気持ちを持ちながら頑張った同士だったのかなという気もします。なにせ旅館業は女の多い職場ですので、女の戦い、数々ございます。社員さんたちも女の方が多いのでね。うちの社長なんかは、極力女のけんかには混じらないようにと、背中を向けてスタコラ逃げる方ですので。結婚した頃びっくりしたのは、社員が女同士で取っ組み合いのけんかをするのね。髪の毛を引っ張ったり、大広間は広いから非常に広い土俵になっているのか、そういうたくましい女性方がいました。唖然とする状態もあったので、そういう人達のなかで揉まれながら、楽しく辛いこともありながら、現在の私があるわけでございます。皆様もぜひ、興味があったらアルバイトでもなさってみてくださいませ。日々、物語には事欠かない職場だということだけは言えますね。日々面白いことがいっぱい起きます。大変スリル満点の職場です。

地域連携　白石市は残念ながら経済的なゆとりもなく、観光業にかけるお金があんまり無いとみえて、東京キャラバンなんていうと旅館の人たちだけで出掛けますけれども、地域の行政との関わりというのはとても大切だと思います。去年は宮城のデスティネーションキャンペーンということで、知事さんが先頭に立って観光キャラバンとか宣伝をいっぱいしてくださったんです。お陰で去年は宮城県全体的には売上が上がったと思いますし、小原もいまだかつてない人の動きがあってとても伸びました。でも、その火が消えてしまったら、ちょっとまたぽしゃってしまって、また何か考えなくてはいけないという状態になっています。行政と民間と一緒に考えていかなければ発展しません。宮城県は山形県に負けているのが現状でございまして、山形の観光行政というのは素晴らしいものがあるので、これから宮城県も見習っていかなくてはいけない。白石市にもお願いして、官民一体の観光事業に力を入れてもらわなくてはいけないと思っております。

（講義日　２００９年10月21日／編集担当　折橋伸哉）

第4章

「出逢いの歓び」とP.S.時代の旅館経営

髙橋　弘美

旅館情報

名湯の宿　鳴子ホテル

■所在地：宮城県大崎市鳴子温泉字湯元 36
■連絡先：0229－83－2001
■創業年：明治 6 年
■客室数：129 室
■http://www.narukohotel.co.jp

お湯が７色に変わる温泉

東の横綱＝鳴子温泉について

　鳴子は１２００年前に火山が爆発し、潟沼という日本一酸性度が高い沼ができ、温泉が湧き出たと言われております。またなぜ鳴子という名前になったかといいますと、義経が峠を越える時に正室に子供が生まれ、鳴子の湯につけたら産声を上げたということで、最初は「啼子」と言いました。一時は「なるご」というふうに濁った時期もあったのですが、今は正式に「なるこおんせん」と言われております。先ほど、潟沼と申し上げましたが、日本一酸性度の高い沼、大変きれいな所ですので、どうぞ皆様ぜひお出かけくださいませ。

　鳴子温泉は東の横綱に選ばれ、西の横綱別府温泉とやっと肩を並べることができました。なぜ横綱に選ばれたかといいますと、泉質が世界で11種類あるなかで、鳴子温泉だけで9種類があるからです。日本一、いや世界一泉質の種類が多いので、鳴子温泉は横綱に選ばれたのです。私どものホテルはそのなかで３本の源泉を敷地内に保持しております。

おかみの仕事、その大変さ

ここで私がなぜ旅館のおかみになったのかをお話いたします。結婚する前は、私は地元の放送局に勤めておりました。ホテルでクリスマスのディナーショーの司会を頼まれたのです。実はこの仕事、最初は私の友人に依頼があったのですが、仕事が二重に入ってしまったために、彼女が行けなくなってしまいました。それで私がお邪魔したということで、おかみになる経緯が始まります。もし私の友人が司会でお邪魔していれば、今の私はおりません。その時からすでに「縁」は始まっておりました。

その司会の仕事の打ち合わせに参りました時に、たまたまそこに今の主人がおりまして、名刺をいただきました。彼はそのホテルの企画室という課に配属になっており、名刺には何の肩書きもありませんでした。もしその時彼が、「自分は旅館の跡取り息子だよ」と言っていれば、今の私はいなかったかもしれません。その件に関しましては今でも謎なのです。第三者の方から、彼についていろいろと話を伺って、紆余曲折、白紙撤回、いろいろなことがあり、現在に至るわけでございます。

なぜ今そういうことを申し上げたかといいますと、皆様に覚えておいて欲しいことがあるからです。よくお客様から「さぞかしおかみさんはいつも着物を着て、調理人が作ったお料理を食べて、お手伝いさんがいて、何もしないでいいですね」なんて言われますが、とんでもございません。皆様は、これからさまざまな人生を歩んでいくことと思います。見た目がきれいな仕事ほど中身は大変だということを覚えておいてください。白鳥と一緒です。こうやって出ている部分は小綺麗にしていますけど、水面下では一生懸命もがいているのが現状なのです。そのような人生を歩んできました。今日は、私の人生にもいろいろなことがあったことをあえて皆様にお話を申し上げながら、今後の皆様方の就職活動のあり方、経営的なもの、それから人生をどのように生きていくべきかということをお話してまいりたいと思います。

変革期にある鳴子ホテル

鳴子ホテルは、私どもで実は15代目で、江戸末期から営業しております。どうも「15」という数字には意味があるのではないかと思います。例えば江戸幕府も15代で切り替わりました。それから、いま民主党が政権を担っておりますが、自民党政権が崩壊して細川連立政権になったのも、ちょうど15代目だったのです。この15という奇数の数字、これは変革の時代を表します。これは科学的にも立証されております。

私どものホテルは、もともと髙萬旅館といいまして、髙橋萬右衛門という者が創業者です。大正時代に髙萬旅館からホテルという名前に変わったのはちょうど3代目の時なんです。一番最初にホテルという名前を付けましたので、鳴子ホテルというふうに何も付いていいないんです。そうすると15と3という数字が面白い意味を持ちます。ちょうどホテルに変わって3代目、15と3という奇数がマッチしたため、私どもにも変革の時期がまいりました。日本社会全体がイケイケどんどんの時代、高度成長期の時に、業務拡張をしたわけです。この件について詳しく話すと時間もかかるので、また改めて機会があればお話をさせていただきます。

パーソナル・サティスファクションの時代

1人で2役3役

さてホテルという語源は、もともとはホスピタル、病院です。そうすると、お客様ではなくて患者さんのようにやさしく接していけばクレームは起きないわけです。

皆様もご存知の「C. S.」カスタマー・サティスファクション、お客様がいかに満足するかということが大切です。これはいろいろなことに通じるのですが、私ども企業では、よくお神輿担ぎになぞらえ表現するんですね。ここに会社があります。大学でもいいです。一生懸命この会社を良くしようと思って、みんな一生懸命お神輿を担ぐわけです。ほとんどの人がこの東北学院大学を良くしようと思って、学生さんも一生懸命お神輿を担ぎます。ところが必ずぶら下がっているだけの人がいるんですね。これを不良分子といいます。この会社を一生懸命良くしようと思っている社員がほとんどなのにもかかわらず、必ず1割2割、ぶら下がっているだけで、自分たちが一生懸命やらなくたっていいだろうという人がいるのです。これは100人の会社でも10人の組織でも、同じように不良分子というのが存在します。今までの社員教育は、この不良分子の人に一生懸命教育をしてレベルをアップしようと研修会をしていました。それが昔の会社のあり方でした。しかしそんな悠長なことは言っていられませんので、もうお辞めいただいて結構ですといってお辞めいただいて、その代わり10人分の報酬を差し上げますから7人の力で10人分の仕事をしてくださいというのが、ついこの間までの時代でした。しかし現在のように、これだけ経済状況が悪くなってくると、そんな余裕もなくなってきました。そうすると今は、お給料はそのままで仕事だけが増えるのです。ダブルジョブ、トリプルジョブです。一人二役、一人三役の時代になってきております。厳しい時代です。ひとりでひとつの仕事だけをやっていればよいという時代ではないということです。一人二役、ですから私どもの会社で言えば、フロントもやりながら、車両係もやらなければならない、6時から食事会場が忙しくなったら、フロントから宴会場へ移動してサービスもしなければならない。そして、報酬は今までのままという時代になってきています。

もう一歩のサービス

こんな例があったんです。関西からいらしたお客様です。ビールをご注文いただきました。20代の若い男性が「いらっしゃいませ、お客様、ようこそお越しいただきました。お飲み物はいかがなさいましょうか。ビールでございますね。銘柄はどちらにいたしましょう。生ビールがよろしいでしょうか」と銘柄まで聞きました。瓶ビールでしたら、お客様の目の前で栓を抜かなければなりません。冷やしたグラスもお持ちしました。後日、お客様アンケートをみると、もう一歩のサービスが欲しかったと書いてありました。このもう一歩のサービスって何だと思いますか。何で、ホテル、旅館のビールは高単価なのか。これは人的サービスが入るからです。このお客様は、1杯目だけは私どもの社員に注いで欲しかったんですね。生ビールの時はジョッキのままお届けしますが、瓶ビールの場合、1杯目だけは注いであげるというのが大事な人的サービスなのです。さて、私どもの20代の社員に、「どうしてお客様はこういうアンケートを書いていったと思う?」と聞くと「おかみさん、何が悪いんですか。銘柄も聞きました。冷えたビールをお持ちしました。そして目の前で栓を抜きました。何が悪いんですか」と言うんです。でも、その、あともう一歩のサービス、1杯目だけは注いで欲しかったというサービスができるか否かということが大事なんです。

当時私の主人が支配人をやっておりましたので、彼はこのお客様にお詫び状を書きました。「先日は関西からお越しいただき、誠にありがとうございました。しかしながら、私どもの社員教育、ますます精進致し…」と書いたわけです。彼は字があまり上手じゃないというのを覚えておいていただきたいと思います。彼も中学、高校、こちらの学院にお世話になった人です。大学は東京の方に出ましたが、皆様の先輩になります。そうしたら、その手紙に対してお返事が来ました。筆まめなお客様です。「先日は、大変ご丁重なるお詫び状、誠にありがとうございました。しかしながら、いかにも新入社員に書かせた如く、誤字脱字極めて多く…」と、クレーム処理がかえってクレームを併発してしまったんです。そこで大おかみさん、義理の母になります。昭和一ケタ、巳年生まれの、本当にご苦労なさった大おかみがおります。非常に達筆な毛筆で「先日は誠に申し訳ございません。私の息子であり、支配人をしている者でございます。文字の責任は、私母親の責任であり…」と、お詫び状を書いたわけです。それに対してまたお返事がまいりまして、「先日は大変ご丁重なるお詫び状を、誠にありがとうございました。ご子息様とはいざ知らず…」というお手紙を頂戴したわけです。もし、そのアンケートに対して何もお答えしなければ、そのお客様の顧客満足、CSにはつながらなかったと思います。その、たった一言の、もう一歩のサービスが欲しかったというクレームに対応したことによって、お客様と通じたわけです。それ以来、お盆とお正月、必ずご宿泊いただいております。災いが転じて福となった例です。

そのように生き残っていくためには、そうしたもう一歩の顧客サービスが必要なんです。旅館だけではございません。いかなる企業も、老舗と言われるものが淘汰されている時代です。これは大学も一緒です。お客様と会社と社員が、三位一体となって初めてお客様が満足するのです。ところが、今はさらに進んで〝CS〟カスタマー・サティスファクションから進んで、パーソナル・サティスファクション、すなわちPSの時代へと移ってきているということです。十人十色という言葉がありますが、今は一人十色の時代です。そうすると、私ども旅館業は、ひとりに対して10のご要望にご満足いただかなければならないという、パーソナル・サティスファクションの時代になってきたということです。どうしたらそういう時代に応えることができるかということを、これからお話していきます。

クレーム対応

このようなこともありました。あるホテルで結婚式を挙げられたお客様がおりました。そこのホテルで結婚式を挙げ、久しぶりに親戚一同集まったので、温泉にでも行こうかということで、私ども鳴子温泉にお越しいただきました。ご到着の時から、何か80代の殿方が、ぶつぶつ文句をおっしゃっているんです。よく聞き耳を立てておりましたら、その結婚式は許されない結婚だったようです。でも皆様、その許されない結婚というのは一切ホテルには関係ないことです。ところが、そういう伏線を持ったお客様には注意しなければなりません。クレームを併発してしまうのです。私どもも注意をしながら接遇に対応しておりました。

そうしましたら、こういうことでした。例えば髙橋家の話としてお話しましょう。ひとりしかいない髙橋家の息子さん、お孫さんを、仙台の女性にたまたま養子に出してしまったんですね。だから今後、髙橋家はどうなるんだと私に言って来たんです。それは私に言われてもどうにもならないことです。だから仙台には足を踏み入れたくなかった、だから宮城県はだめなんだ、だから仙台の女性はだめなんだとおっしゃるんですね。でも、この殿方は、さらに歴史をさかのぼって、だから伊達藩の土地には踏み入れたくなかった、とまでおっしゃるんです。そういう事情を持ってお泊まりいただきました。何事もなく次の日の朝を迎えられたので、このままお帰りになっていただけるとありがたいと思っておりました。世の中そうはいきません。そういう殿方ですから、自己中心的な方なわけです。玄関の前にお荷物をドンと置くのです。結婚式の次の日ですから、引き出物とか礼服とかお荷物がたくさんあるわけです。そうしましたら、他のお客様がお車をご移動なさるのに、そのお荷物がちょっと邪魔になってしまったんです。それで、私どものフロントにいる20代の若い女性社員が、「お客様、大変申し訳ございません。こちらのお荷物をちょっとご移動させていただきます」と言った瞬間に、その殿方がきれてしまったんです。「何事だ。車が移動するのになぜ俺が移動しなければならないんだ」と怒るんです。もし私どもの社員が「お客さん、この荷物どけます」これだったら怒られても当たり前ですよね。これだけ丁寧に申し上げたのに怒られたので、若い社員は何で怒られたかわからないんです。きょとんとしているんです。

レジュメに、苦情処理の10のステップとあります。そのなかにある苦情処理の第一条件は、悪くなくてもまずひたすら謝ることなんです。そして、背の高い人だったら相手の目線よりも低くなって、まずは謝罪します。それで、人を替え場所を替えという10のステップがあります。私、近くにおりましたので、その社員にあなたも一緒に謝りなさいと言って、大変申し訳ございませんと謝ったわけです。でもその若い社員は「なんでおかみさん謝るの。私は悪くないわよ」と思っていますので、心から謝っていないんですね。本当に申し訳ありませんでしたと深々と謝りましたら、その殿方が、「だから宮城県には足を踏み入れたくなかった。わしのひとりしかいない息子、孫をお婿さんに出してしまったんだ。だから来たくなかった」と、私どものホテルにとって関係ないんですが、その話に行ってしまうわけです。さらに、わしは元憲兵だと言うんです。ちなみに憲兵さんでも良い方はたくさんいらっしゃいます。皆様のおじいちゃまとか、ひいおじいちゃまでも憲兵さんの方、いい方いっぱいいらっしゃいますので、誤解のないようにお願いします。「お前のような女は虫けら同然だ」と言われました。男女共同参画に育った私はもちろん、皆様はもっと理解に苦しむと思います。1200年の歴史のある温泉場に嫁いだ私は、まだ旅館という男尊女卑、封建社会の強いところに嫁いだものですから、封建社会の雰囲気をある程度は知っておりましたので、「申し訳ございません」と、ひたすら謝り続けました。そして、そういうお客様には肩書きを持った男性が出てこなければ収まりがつかないことがわかっていたので、私の夫を呼んできました。そしてこのお客様はやっと落ち着かれて、最後に「専務取締役支配人、今後気を付けたまえ」と言いながらお帰りになったわけです。仙台のおなご、宮城県のおなご、それで、伊達藩がこれではだめだと思いまして、お詫び状を書きました。「先日は申し訳ございませんでした。私ども、社員教育もう一度原点に戻り、ますます精進いたし、日々を送ってまいりたいと…。貴重なご意見を承り…」と、お詫び状を書いたわけです。その後何のご連絡もないので、もうご縁がないのかなと思っておりましたら、お正月にいらっしゃいました。「やあおかみ、久しぶりだなあ」「虫けらのおなごでございます」心のなかで思うだけです。「まあお客様、お久しぶりでございます。ようこそお越しいただきました。ありがとうございます」と申し上げたら、「わしの目の黒いうちにひ孫が生まれる。さすが仙台のおなごじゃ。さすが伊達藩じゃ」と、「さすが」に変わったのです。皆様、問題はここからです。まず、その許されない結婚というのはホテルには一切関係ないことです。お客様の問題です。原因はお客様が作ったわけです。でも、そういうお客様には気を付けて接しなければならないということがひとつです。それから、プライドの高い、自尊心の強い、とても自意識の強い方にはどうしなければならないかということです。「お客様、大変申し訳ございません。こちらのお荷物、向こうのお客様のお車がご移動なさるために、ご移動させていただいてもよろしいでしょうか」と伺って、「よろしい」と納得し許可をいただいてから、「はい、かしこまりました」 ここまでやらなければならないのがサービス業です。ホテルの語源がホスピタル、病院だからです。自尊心の強いお客様、プライドの高いお客様、自己顕示欲の強い方には、まず許可をとり、ＯＫのサインが出たら動くということ、こういうことが要求されております。そこまでやらなければならないんだよというふうに、私どもの、フロント玄関にいた若い社員と話をしました。現代はＰＳの時代、パーソナル・サティスファクション、個人が満足しなければならない時代になっているからだということです。

クレームの３大原因というのは、「遅い・勘違い・間違い」です。皆様もそうだと思います。自分の大学の評判を落とそうとか、誰も思っている人はいないわけです。この会社の評判を上げようと思っている人がほとんどであって、この３大原因というのは勘違い、間違い、それから遅かったという、ちょっとタイミングがずれたということが原因で起こるんですね。そうすると、先程の社員のように、今までのように私の後ろ姿を見てあなたも仕事を覚えなさいという時代ではもうないんです。ティーチングの時代ではない。コーチングの時代に入っているんですね。自分自身がもし部下を持ったり、後輩を持ったりしたら、必ず自分が相手の話をまず聞いてあげる、そして相手がどういうことをやろうとしているか意見を聞き出すという、コーチングの時代になっているということです。

良い印象を与える

いろいろお話をしてきましたが、つまり、数時間、数分の間に、第一印象を良くするにはどうしたら良いのかということなのです。皆さん、何回か会ってお付き合いすれば、お友達関係も、この人はこういう人だったんだというふうにわかると思いますけれども、私どものような旅館商売、「いらっしゃいませ。お疲れ様でございました」とお迎えをして、お部屋にご案内をします。非常口の案内、冷蔵庫、貴重品、お食事会場の説明をします。今度はお食事会場にまいりましたら、お席にご案内してお食事の提供をする。そして、宿泊なさって、次の日、ご朝食を召し上がって、お帰りになるまでの間に、ひとりの社員がトータル、延べにすると1時間接しているかどうか、というぐらいなんです。その間にいかに良い印象を与えるかということです。これは皆さん恋愛にも通じますので、これからのお話はレジュメには書いていないので、ぜひ聞いていっていただきたいと思います。

星野元監督が、最下位だった阪神を優勝まで持っていきました。星野さん、どういうことを選手にしたんですか、と聞かれました。これは星野さんの講演で聞いたのですが、自分は2つだけやったと。ひとつは、ごく当たり前のこと、基本を選手に教えた。もうひとつは、野球に恋をしろ、仕事に恋をしろと選手に言ったと、この2つだけだと言うのです。もちろんそれにもいろいろ付随するものはあったと思いますが、仕事に恋をしろということです。仕事を恋人だと思ってください。皆さん恋愛をして、この人がいいなと思ったら、やっぱりアプローチ、自分をPRしますよね。その時を思い出してください。それを仕事に置き換えて考えていただきたいと思うんです。これは、私が放送局時代に培ったことです。初めて会った人にインタビューをして、第一印象をよくする、あるいは相手のスイートスポットという、自慢したい、こういうことを聞いてほしいということをくすぐる、これを実践するための魔法の言葉があるんですね。感嘆詞をまず使います。「はぁー、えぇー、まぁー」です。「はぁ、それは、すばらしいことですね」「まぁ、こちらの学院大はこういうことをおやりになっているんですか」「へぇ、学生の皆さんってすごいですね」というように、はぁ、えぇ、まぁという感嘆詞を使うんですね。語尾を伸ばしながら。はぁ～、えぇ～、まぁ～。それから、笑歯を見せます。笑う歯です。笑歯というのは、前歯から数えて4番目の歯です。笑歯を見せます。皆さん座ったままで結構ですので、おはようございますと言ってみます。いいですか、笑歯を見せながら。よろしいですか。「おはようございます」「こんにちは」大事なのは笑歯を見せるということです。

それから、間です。ポーズ。では、いま悪い例からやりますね。「いらっしゃいませ。お疲れ様でございました。ありがとうございました。お気を付けてお帰りくださいませ」笑歯も見せていなければ、間もありません。これを、笑歯と間を入れてみます。「おはようございます。いらっしゃいませ。ようこそお越しいただきました。ありがとうございます。お気を付けてお帰りくださいませ。ごゆっくりおくつろぎくださいませ」 1回止めて間をとるだけで、こんなに動作が違います。今の違いわかりますか。同じ言葉を発していても、ちょっと笑歯を見せ、間を入れるだけで大きな違いがあるのです。これは、男性の方でもし営業とかに行かれたりしたら、契約をとる場合などそういう時にも使えるでしょう。

それから、1インチのサービスというのがあります。2・5センチ相手に近づけるんです。例えば、「ご注文いただきました、カクテルでございます」 1回テーブルに置きます。そして、もう1歩、2・5センチ「どうぞ召し上がってください」 例えば社長さんに、「どうぞ、この契約何とかお願いできないでしょうか、よろしくお願いいたします」 1回置きます。もう2・5センチ相手に近づいて「何とかよろしくお願いいたします」と言います。これはバーテンダーの1インチのサービスといって、バーテンダーの方がよく使います。「ご注文いただいたカクテルでございます」 テーブルに置いて、もう1回相手に2・5センチ近づけます。これが1インチのサービスということです。お茶を出す時もそうです。例えば、お盆を持っています。相手の目線まで低くしてお茶を出します。必ず両手でお茶を出します。動作を止める。これが大事なんです。同じことはお辞儀の仕方などすべてに言えます。皆様、その場でちょっとお立ちいただけますか。それではお隣同士の方と向かい合ってください。お辞儀の仕方を、せっかくなので練習してみましょう。

まず、女性の方は両手を前で組んでください。基本は左手が前です。なぜ左手が前かというと、西洋では剣をさすきき手を隠すということで、武道をやっている人はおわかりだと思います。ところが、お茶を習っている方、例えば裏千家の場合は右手が前というふうに、流派・流儀によって変わります。基本は、正式な方をお迎えする時は左手が前になります。女性の方は、指先を揃えてください。では、お辞儀をしてみてください。まず真のお辞儀なんですけど、そして目線を先に持っていってください。お互いにちょっとお辞儀してみましょう。目線が落ちてしまうと、頭だけ落ちてしまいます。ですから、目線を先に持っていってください。もう1回ちょっとお辞儀してみてもらえますか。そうです。それで45度までお辞儀をするのが真のお辞儀です。30度、15度というふうに。それでは、必ず相手の目を見て、笑歯を見せて「おはようございます」と言ってからお辞儀をして、1と心のなかで数えてから頭を上げてみてください。顔を上げるタイミングは、1、2、3と数えたあとです。上げる時、急いで上げてはだめです。誠意が伝わりませんので、ゆっくり上げてください。1、2、3ぐらいのリズムで。「おはようございます」目線がまだ手前に来ている人がいますので、もうちょっと先に目線を持っていってみてください。では今度は「こんにちは」きれいです。アルバイトをなさっている方もいらっしゃるんでしょうね、きっと。教育されていると思います。必ず相手の目を見てからご挨拶をするということを忘れないように。「ありがとうございました」1、2、3のリズムを覚えておいてください。

このように、お辞儀では45度、30度、15度というふうに、3段階のお辞儀の仕方があります。とにかく必ず1回止めて、間を取ることを覚えてください。これで全然動作が違って見えます。笑歯を見せる、間を取る、1インチ、そして「はぁー、えぇー、まぁー」感嘆詞を付けるということです。
自分自身をいかにプレゼンテーションするかということです。

経営環境の変化を読む

CHBと「かきのたね」　自分自身の第一印象をいかに良く見せるかということを申し上げました。今の時代、生き残るにはどうするか。人間も会社も、義理人情浪花節＝GNNの時代はもう終わったと言われております。義理人情浪花節だけでは生き残ってはいけない。企業は生き残ってはいけないという時代になっている。CHBの時代です。クリーン(clean)＝透明で、オネスト(honest)＝正直な嘘のない、ビューティフル(beautiful)＝見苦しくない美しい企業に持っていかなければならない、人間にならなければならないということです。義理人情浪花節を大事にしながら、CHB、嘘のない、見苦しくない、美しい、透明な企業に、また人間になっていく時代だということです。

それと「かきのたね」というのがあります。これは、これから起業家を目指している方に言えることですが、これからの時代は、「か」は環境、つまり自然に対して優しい企業に持っていくということです。それから健康、体に関連する仕事です。そして「き」は美しいきれいな、「の」はのんき、癒し、「た」は楽しい遊び、「ね」は修業、年季という「かきのたね」のような企業に持っていきましょう、人間になりましょうということです。日本の歴史というのは、過去30年ずつ男時文化と女時文化の繰り返しできています。男時文化の時は戦争が多く、女時文化の時は天災や事件が多いのです。皆様、今は何の時代でしょうか。天災とか事件が多いので女時文化です。1995年から、向こう30年は女時文化になっています。2026年からは、男時文化が続きます。さすが小泉元総理です。女時文化を早く察していたのですね。郵政民営化で選挙を行った時に、女性を刺客に持ってきました。女時文化だからなのです。女性を責任者、トップに持っていく、あるいは女性に支持されるような商品を開発する。または女性、子供に支持されるような商売をすると成功するというのが女時文化です。それで、男時文化のときは当然その逆ですから、男性に支持される商品開発・企業に持っていく、ということです。日本の歴史というのはこれを繰り返しているわけです。

これからの時代は、GNNを大事にしながらCHB、かきのたね、女時文化の時代、2025年までは続くということです。

価値観の多様化

皆様、天下のディズニーランドでも、クレーム、アンケートが年間約5000通あります。ディズニーランドはほとんどが満足だというアンケートかと思いきや、良かったというアンケートは3分の1しかないのです。3分の2はほとんど「悪かった」というクレームです。しかしそのクレームを口に出した人が4%だったとすれば、96%の人は何も言わないでお帰りになったということになります。良かったも悪かったも、96%の人はいろいろ皆に話をするわけです。平均ひとりの人が1カ月に14・5人の人に話をすると言われています。ひとりの人が1カ月間に14・5人の人にお話し、またその話を聞いた人が話をする。そうしたことが大体5回ぐらい続いたとすると、64万973人にその情報が流れてしまうことになります。このぐらい口コミの影響というのは絶大なものなのです。だからクレームを出してはいけない。出した場合は、ホテルのなかから、大学のなかから、会社のなかから出さないように処理をしなくてはいけないということです。万が一不可抗力で出てしまった場合は、その処理を完璧にすれば顧客に通ずるということは、先程いくつかの事例から申し上げました。

では最後に、どういうふうに持っていくかというと、ひとりひとりの社員のモラル、レベルアップにつながるわけなんですね。例えば、いろいろな伏線を持ったお客様がいらっしゃるという例を先程挙げましたが、いろいろな価値観を持ったお客様がいらっしゃるんです。チェックインの時に、私どもではお香を焚いてお客様をお迎えしております。そうすると80％の人が「このお香の香り、いい香りですね」とおっしゃいます。しかし20％の人は「何だか線香臭いホテルだな」とおっしゃいます。私どもでは、なるべく生花を生けるようにしています。なぜかというと、造花にすれば経費もかからず、簡単です。でも生花なら、お花も生きているわけです。いろいろな思いでお花を生けたときに、その思いがしゃべらなくてもお客様に通ずるわけなのです。それで、大おかみさんと一緒にホテルに生けているんですね。そんなお花を生けていた時のことです。漁連のお客様が「毎日花を生けるのか。花代もばかにならないだろうな」とおっしゃるんです。お客様、きれいだと思いませんか、と言うと、「俺は船乗りだ。1年の半分以上は船の上、海の上なんだ。陸に上がった時ぐらいおいしいものを食べて、好きなものを食べたいんだ。こんな花代にお金をかけるなら、宴会の時にビールの1本でもいいからサービスしてくれるといいな」とおっしゃるんです。それで、「お客様、お花生け終わりました。いかがですか」と言ったら「いやぁ、きれいだな。でもやっぱりビールの方がいいな」と、そのように、価値観がまったく違うお客様方にご満足いただかなければならない。

こうしたさまざまな価値観を持ったお客様にどう対応するかというのが、今までいろいろお話してきたことです。それは自分自身の印象を良くすることです。私ども約150名社員がおりますので、私がひとりでやれるホテルではありません。130ルームありますから、せいぜい私がひとりで目が届く旅館はマックス20ルーム、25ルームまでです。それ以上になったら社員にお願いするしかありません。社員ひとりひとりの質を高めることにつきます。ここで皆様に申し上げたいのは、お客様の層がここ5、6年の間に急激に変化しているということです。さまざまな権利を主張するお客様が多くなってきました。例えば、小さなお子様をお連れになっていらしたお客様、おねしょをしてしまいました。私どもの係のものが布団を上げにお部屋にお邪魔しましたときに、お布団が汚れていることに気が付きました。お客様から、「ごめんなさい、子供がおねしょをしてしまいました。クリーニング代払いますから」と言われました。私どもの社員はマニュアル通り「1点○○円になります。2枚汚れているので○○円頂戴致します」と言いました。おねしょをしたという原因を作った

バイキングレストラン宮城野

のはお客様です。クリーニング代をお支払いしますと申告したのもお客様です。でも金額を提示したら「このホテルは何なの、クリーニング代まで請求するの」とおっしゃるわけです。そこで、お客様がもし、不可抗力でおねしょをしたという時は、私どもは結構ですと申し上げることにしています。例えば酔っぱらってお膳を壊してしまったとか、お客様の過失で物が壊れたり、襖が壊れたりした時は請求をさせていただきます。お客様は自分が悪いと思うので、お支払いしてお帰りになります。私どもは、どこに原因があって、どこまでだったらお客様に請求ができるかということを、毅然とした態度で対応するようにしております。また、現代は二極分化の時代になってきています。私どものホテルでしたら、温泉がいいので、1カ月に1回必ず行きたい、でもリーズナブルな料金で宿泊したいお客様、また、久しぶりの旅行なので、足湯のお部屋で見晴らしのいい、ちょっとグレードの良いお部屋を希望するお客様、それぞれお客様のニーズに合わせて対応することにしております。

奈良の正倉院で、１２００年前の籾殻が見つかりました。籾が籾のままであったら、原因の因でしかないわけです。学識経験者の間で、１２００年前の籾殻がお米に成長するかどうかと議論がされました。議論するよりも実際に育ててみましょうということで育てましたら、なんとお米に成長しました。結果です。これが今の古代米なのです。お米に成長するためには、太陽の光とか自然の力、人間の力が加わって、初めてお米に成長するわけです。この太陽の力、人間の力が必要なわけなんですが、これを縁と呼びます。奈良の正倉院の高田住職は、このことから、１２００年前の籾殻がみごとお米に成長したということから、縁欠不生という言葉を生み出しました。古代米が実を付けたことから、縁欠不生、縁がなかったならばすべての動植物は成長し、生きてはいけないという意味です。今日こうやって皆様とお会いすることもご縁があったからです。都合ができて、この講義に参加できなかったという学生の方もいらっしゃると思います。やっぱり縁がなかったのです。すべてのものは「縁」で結ばれているということです。皆様は、「奇遇だね、偶然だね」という言葉を使うと思います。でも世の中には奇遇、偶然はないのです。必ず原因があって結果がある。善因善果、良い原因があれば良い結果をもたらす。悪因悪果、悪い原因があれば悪い結果をもたらすということです。原因が物事にはあるということです。クレームも必ず原因があります。それらを追求して改善しない限り、同じクレームが何度も何度も続くことになります。クレームの原因を追求し改善すること、そして、「はぁ、えぇ、まぁ、」「笑歯」を見せて、

足湯付客室

「間、1回動作を止める」「1インチのサービス」ということに尽きるわけです。

美しい心によるおもてなし

いろいろお話を申し上げましたが、後は皆様どうぞレジュメをお読みになり、皆様ご自身で考えていただきたいと思います。そして皆様には心の美人になっていただきたい。性格美人、男性の方も本当に心のなかの美しい人になってほしい。柳田國男さんが、美しい心を持った人々が住む町では、美しい町が作られると話しておりました。ぜひ心の美人になっていただきたいと思います。

そして皆様には、半襟のようなサービス、半襟のような人生を送っていただきたいと思います。半襟のようなサービス。皆さんこの白い襟を見てくださ い。これが半襟です。見えすぎてもおかしいですね。全然見えなくても変ですね。ちょうどバランスのいい見え方、こういうサービスをしてほしいのです。また生き方も、このような半襟のような生き方をしてほしいのです。見えすぎてもだめ、まったく見えなくてもだめです。バランスの良い、半襟のような人生を生きていって欲しいし、そういうサービスをして欲しいということです。

ホスピタリティというのは、キリストが最後の晩餐のときにされたこと、その事例からホスピタリティという言葉が生まれたのだとも言われております。皆様もいろいろ宗教の時間に勉強していると思いますが、その精神が基本だと言われております。介護をするような気持ちで、とにかくホスピタル、病院だということです。今日も車を運転してまいりましたが、昨日も帰りは夜中の12時です。運転の途中で眠くなって仮眠をとったりする時もあります。パーキングエリアでトラックの運転手さんに何度起こされたことか。そんな時に私どもの家族の顔や、皆様のお顔、お客様のお顔、それから何よりも150人もいる社員。4人家族だったら600人の家族の生計が、私どもの腕にかかっているわけです。正直、私の人生は辛いことの方が多いです。泣きながら帰ることの方が本当に多いです。そういう時にいつもこの資料にある五戒、5つの戒めをみます。辛いことが多いのは感謝を知らないからなのだ、苦しいことが多いのは自分に甘えがあるからだ、悲しいことが多いのは自分のことしか考えないからだ、心配事が多いのは今を一生懸命生きていないからだ、行き詰まりが多いのは自分が裸になっていないからだ、というふうに自分を戒めて生きているのが現状でございます。社会に出ると皆様考えられないようなことが、いろいろ起きると思います。そして一人十色の時代です。個人満足、パーソナル・サティスファクションの時代になってきているのです。そこで何をしなければならないかということを、話して参りました。

キヤノン、セコムの社長さんは、わずか40代で就任しています。頼りない社長が一番カリスマ的社長だというふうに言われている時代だそうです。頼りないなと思う上司の方が会社は伸びるというふうに言われていることを思うと、一昔前と今とではずいぶん違います。それはなぜかというと、人格を重んじる時代になったからです。いろいろな話をいたしましたが、私の話から皆様が、企業が生き残るために、どういうふうにしたらいいかということを学んでいただけたら、私も今日この講義に参りました甲斐があります。

それでは、最後に須永博士先生の言葉を皆様にお送りして、話を結びたいと思います。

「生涯という長い私の人生の道のりのなかで、たった1人でいい、私が生きているということを知ってもらおう。そのために、私はどんなに辛くても、明るく、優しく、真心を込めて皆様と出会う」

今日は誠にありがとうございました。


（講義日　２００９年11月４日／編集担当　松村尚彦）

第5章

家族で営む小さな平屋宿

佐藤 久美子

旅館情報

心づくしの宿　源兵衛

■所在地：宮城県刈田郡蔵王町遠刈田温泉仲町 5－1
■連絡先：0224－34－2124
■創業年：明治元年
■客室数：11 室
■http://www.ryokan-genbei.com

遠刈田温泉の歴史

まず皆様、トオガッタ温泉とお読みになれますか？　エンカリタ、トオカリタ、とお読みになる方がまだまだいらっしゃいます。実は私たち遠刈田温泉の旅館のおかみたちが、20年ほど前におかみ会を立ち上げた理由は、トオガッタ温泉と読んでいただけなかったからなんです。エンカリタ、トオカリタ、あとは「これ何ていう温泉場ですか」と訊かれるんですね。これがとっても悲しいことでした。それでおかみたちが立ち上がって、平仮名で「とおがった」という文字を入れたお揃いのハッピを作って、それを着てキャンペーンに歩こうというのが遠刈田温泉旅館組合女性部の始まりでございました。どうぞ皆さん、今度は遠刈田においでください。

それでは、遠刈田温泉の歴史をちょっとお話させていただきます。

平成19年のプレDC（デスティネーション・キャンペーン）をきっかけに、私たち旅館のおかみ、また商店街のご婦人たちが、歴史や郷土史を勉強するようになりました。行政のお力を借りて始めたんです。遠刈田温泉は1601年に開湯されました。10年前には開湯されてちょうど400年ということで、イベント・お祭りを旅館組合が行いました。開湯された頃は、蔵王山という呼び名はなかったんですね。蔵王はひとつの山ではなくて蔵王連峰なんです。刈田岳・熊野岳・屏風岳という連峰なんですね。ですけれども、一口に蔵王山と言われてしまう。これは蔵王権現をお参りするところから蔵王山と言われるようになったのかと思います。

遠刈田温泉は、大正のときに大火に遭ってすべて失くしてしまいました。もちろん源兵衛も失くしてしまいました。そして大正6年に今の地形と道路ができたんです。その後、昭和18年に株式会社遠刈田温泉が設立されました。大きく変わったのは昭和37年にエコーラインができて、観光のお客様をお迎えするようになってからです。それまでは、遠刈田温泉は湯治場でございました。皆さん、湯治場ってご存知ですか？ 自炊ってご存知ですか？ 今はお泊りになるのに何も持って行きませんよね。昔は湯治といいますと、1カ月2カ月お泊りになるんです。そして食事は自分たちで作って食べていました。朝昼晩、もちろんお布団も持ってこられるんです。お米も。全部自分たちで持ってきて、お部屋と温泉代だけをお宿は頂戴するんです。それが湯治場の泊まり方だったんですね。ですから昭和30年頃は、お宿代が1000円から1500円の間でした。お部屋の大きさによってお値段もまちまちでしたけれどもね。それが今では旅籠のお客様をお迎えするようになりまして、お値段もぐーんと上がりましたよね。だから遠刈田温泉がそのような観光のお客様をお迎えするようになったのは、蔵王エコーラインができてからなわけです。

蔵王の御釜を御覧になった方、いらっしゃいますか？ 見事に御覧いただけましたでしょうか。時々霧がかかって御釜が見えないことがあるんですよね。それでもコバルトブルーだったりエメラルドグリーンだったり、御釜の色に惹かれて皆さん足を運んでくださいます。ありがたいことだと思っております。ぜひぜひ遠刈田温泉を通って蔵王の御釜、御覧に

露天風呂

なりにいらしてください。

街のなかには公衆浴場が2つありまして、神の湯・寿の湯というのがございます。どちらもナトリウム・カルシウム塩化物泉、赤い鉄分の温泉です。3日も入ったら白いタオルが鉄分で赤くなってしまいます。そのくらい鉄分の多い温泉でございます。

遠刈田温泉って、そういうところです。

平屋の旅館へのこだわり

それで、本日お話させていただく私の旅館はね、たぶんお話していただけるおかみさんたちの旅館のなかで、うちが一番ちっちゃいと思うの。というのは、お部屋が11しかございません。11室の平屋建てなんです。ですからおかみ業というか、おかみさんと呼ばれるのがちょっとおこがましいかなって思います。うちでは本当に何でもこなさなくてはいけないのでね。調理場も、それからお客様の応対も、全部家族でやっています。ですから、たぶんお話されるいろいろなおかみさんたちのなかで、おかみ業というものに専念されている方たちと比べたら、きっとおもてなしというテーマで話すことの中身は随分違うのではないかなと思います。でもね、それでも宿屋のおかみとしてやっていることを、皆さんにお話させていただきたいと思います。

源兵衛は、主人で7代目になります。明治以前はお酒とかお味噌とか醸造業をやっていて、お宿を始めたのは明治の初め頃になるようです。だから遠刈田温泉では一番古いかと思います。

私が嫁いだ頃は木造2階建てのお宿だったんですが、平成9年にすっかり平屋に直したんです。当時はよく、「なんで平屋にしたんですか」とお客様から言われたものです。これは経営的な観点からいったら、あまり理解できないことかもしれません。だから、特にお商売やっているお客様によく言われたんです。「なんで平屋の11室なの?」「2階建てにしたら20室じゃないか。3階建てにしたら33室じゃないか」「11室で借金して返していけるのか」と、よく言われました。でも私には私のポリシーがあったんです。

ところで、私には娘が2人おります。いま私の跡を継いでくれているのが長女なんです。次女はお向かいに嫁いでいます。私も実はお向かいから嫁ぎました。だから私の実家は目の前なんです。それで娘も今度うちのお向かいに嫁ぎました。長女の旦那さんは、それこそ歩いて3分くらいのところからお婿さんに来てくださいました。そういう家なんです、源兵衛って。

外　観

ということで、なんで平屋にしたか。大きな理由が2つあります。

ひとつは、長女が家業を継ぐと決心してくれたのが高校2年のときでした。私たち夫婦は、「もう嫁に行きたいんなら行ってもいいよね」「源兵衛が何代続こうが、もう私たちで終わりにしよう」「娘が幸せになってくれるんだったらお宿はもうやめよう」、そう話し合って子供を育ててきました。それでも高校2年の進路を決めなくてはいけないときに、娘に源兵衛をどうするか迫りました。娘は、「源兵衛という名前をこの遠刈田に残したいでしょう、お父さん」「あたし旅館やります」、そう言ってくれたんです。そのときに、では娘がやりたい宿屋にしよう、私たちがやりたい宿屋ではなくて娘がどういう宿屋をやっていきたいかということを考えて、設計をしていただいたんです。それで今の平屋の建物になりました。また娘が決心してくれたちょうどその頃、主人の両親が寝たきりになってしまったんですね。2人を介護しながら、改築いわゆる新築を考えたものですから、平らだったらどんなにいいだろう。おじいちゃんおばあちゃんはどんなに楽だろう。朝昼晩、温泉に入っていたおじいちゃんおばあちゃんがお風呂に入るにはどうしたらいいだろう。平屋だったら車椅子で連れて行けるんじゃないか。そう考えたわけですね。それまでは木造でした。昔の大正時代の土台をそのままに改築していたものですから、階段・階段・階段のつぎはぎです。まずそれが平屋にする、ひとつの大きな理由でしたね。

もうひとつは、実は下の娘が先天性内反足という障害を持って私たちのところに生まれてきました。私は現在満60歳で、47歳のときにこの平屋にしたんですが、私がおかみ業を始めたのはこの時からだったのです。だからおかみ業はまだ13年しかしていません。嫁いだのは23歳です。23歳から45歳まで、実はおかみ業はしていないんです。というのは、その障害を持った娘が入退院を繰り返しまして、ずっとその娘のそばに寄り添っていたものですから、おかみ業、お客様の前に出るということは私にはなかったんです。出られなかったんですね。その娘は成人し看護師になって、今はお向かいに嫁いでいます。娘が障害を持って生まれたことによって入退院を繰り返すことになりますが、そのことによって、私は障害を持った方たちとの出会いがあったんです。そういう方たちとの出会いから、障害を持った方が家族と一緒に温泉に入れたらどんなにいいだろう、そう思って。またそれは私と同様に跡を継いでくれる長女の心にもあったんだと思います。

もう平屋にしよう。お部屋数はとれなくてもいい。そう思って平屋にいたしました。ですから今、100歳近いご高齢の方においでいただきますと、自分たちの両親に恩返しできなかった分、このお客様に恩返しをしようと、そう思っています。お商売にならないだろうと言われるお客様には、長く続けられること、また自分たちがお商売をしていて納得できるお商売をしたいというのが、私も主人も娘も一致した気持ちなんだと申し上げます。納得のいく商売でなければ。営利だけを目的にするのではなくて、お客様と心から接してお客様の声を大事にしていきたい、そういう思いから平屋にいたしました。

お客様に学ぶ

本当にお向かいから嫁いで、そのまた娘がお向かいに嫁ぐというのも、遠刈田温泉ではたぶんうちぐらいでしょう。家族全員が遠刈田小学校の校歌を歌えるのは、全員が遠刈田小学校卒業だからなんです。中学校は皆それぞれ仙台に行ってしまいましたけれどもね。今うちで仕事に関わっているのが、主人と私、長女夫婦、あとは親方、仲居が2人、これだけです。11室のお部屋というのは、家族でやっていきたいという娘の願い。それをなんとかやろうと思っています。

私、今日も着物で来ました。実は着物を着るようになったのも47歳からです。それまでは、実家の母がお宿に嫁ぐからといってたくさん作ってくれた着物も、正直言って一度も手を通したことはありませんでした。47歳からです。47歳から着物を着、何も知らない私がおかみをやっていくには、お客様の声を聞くしかないって思ったんです。それには着物を着て、お客様をご案内して、接客をして、うちにお泊まりいただくすべてのお客様に接しよう、お会いしようと思ったのがきっかけです。それから毎日、午後2時というと着物に着替えて、お客様にお会いしているんです。

お客様の声を聞く。これはおもてなしの一番大事なことだと思います。特に、小さい宿だからこそ、できることはしてあげたい、ご満足いただきたい、そう思っていますので、どのお客様の声も見逃しません。

例えばこうして、本日出かけて参りましたでしょう。そうすると私が帰る前にチェックインなさっているお客様もいらっしゃるわけですよね。でもご案内は必ず、私か娘がやっております。仲居は夕方5時まで中休みなので、私か娘がご案内をして、そのお客様が何を求めて源兵衛においでくださったのか、どのように過ごされたいのか、それをいち早くキャッチする。これが私と娘の務めだと思っております。キャッチしたものを、今度は仲居に伝えます。夕食の時には2人の仲居が運びます。うち、部屋食なんです。お泊まりいただいたお客様のそのお部屋に、お食事を台車で運ぶんですね。お食事の匂いがこもるのが嫌だから別室にしてくださいというお客様もなかにはいらっしゃいます。そういうときには別室、個室の御食事処にご用意させていただくんですが、それ以外はうち部屋食なんです。夕食は夜6時からスタートいたします。11室ですと、7時まで。6時から7時までの間に15分刻みでお食事を運ぶようにするんです。2人の仲居で。6時に2組、6時15分に2組、6時半に2組というふうに、15分間隔でお運びするんですね。その仲居に、私がキャッチしたお客様の情報を伝えて対応させているんです。

これからお話していく、その…なんていうんでしょうね、舞台裏だったり喜怒哀楽だったりというのにも重なってくるんですが、お客様の声って、ああ、ありがたいものだと最初に思ったのは、オープンして1カ月くらいのことです。あるお客様から「おかみさん、お部屋にいらっしゃい」と言われたんです。「あっ、何かまずいことをやったのかな」と思って恐る恐る行きました。そうしたら「おかみさんは先程ご案内してくださいましたよね。そのとき、ご挨拶していただいたときに言えば良かったんだけれども、たぶんおかみさん気付かないだろうし、おかみさん話しやすい方だからお話していくわ」と、女性の方が言うんです。何だろうと思っていたら、スリッパのことでした。新しく建て替えたので、すべて新しくしましたでしょう。スリッパから何から何まで。自分で履かないで、大きさと色、そういうものにだけ目が行っていたんですね。そうしたら「おかみさん、自分のところのスリッパ履いて歩かれたことありますか」と言われたの。いいえと言ったら、「履いてごらんなさい。踵がもう1センチ高かったらもっと歩きやすいのに」と。「新しくしたばかりだから、きっとそこまで目が届かなかったのね。今すぐでなくていいわ。買い換えるときに注意して、自分で履いてからお買い求めなさいね」と言われた。ああ…と思いました。そのときは「申し訳ございません。至りませんでした」と言うのが精一杯でした。でもそれがきっかけで、今うちで何かを準備するときは全部、茶羽織、浴衣の紐、もちろんスリッパ、全部履いてみたり着てみたりしてから注文します。本当にありがたい言葉でした。

こうしてお客様に教えていただけることというのが、私たちの今までの、そしてこれからも宿屋をやっていく上での宝だと思っています。

新しい料金設定

近くというか、本当に目の前から嫁いできたので、遠刈田しか知らない遠刈田生まれの遠刈田育ち。外の世界を知らないで生きてきてしまった私なんですが、平成19年ですかね。仙台宮城DC（デスティネーション・キャンペーン）がありましたね。あれをきっかけに、お外に出ることが多くなりました。それまではお外に出たことがなかったんです。旅館のおかみは家のなかにいて、それこそ接客と調理場と行ったり来たりが仕事だと思っていたんです。あるとき、うちの娘婿さんに「お母さんは井のなかの蛙だ」って言われてしまって。何にも知らないでここで終わっていいの？　外を見なくていいの？　お母さん外に出てみたら？　と言われたのがきっかけで、「では」と思って街のなかに出てみたんです。そうしたら、街の人たちといろんなことをやっていく楽しさ、素晴らしさを知るようになりました。この3年で私はすごく自分で、大人になったと思っています。こうしてお話ができるようになったのも、周りの皆のおかげだと思っています。

うちは本当に主人と私と娘夫婦でやっているので、個人経営なんですね。だから経営もしていかなくてはいけないけれども、一番大切なことは街の皆と、仲間と共に生きていくことだと思うようになった。

さて、お宿というのは、お客様が午後3時にチェックインなさいます。お風呂入ったりお茶したりして、夜6時から7時の間にお食事をして、寝る前にもう一度温泉に入ってお休みになる。次の朝、朝湯に入って朝食食べて。うちは午前11時チェックアウトなんです。建物を新しくしたときに、チェックアウトを10時から11時に延ばしました。いま割と11時チェックアウトって多いかもしれませんが、うちでその11時チェックアウトにしたときは、遠刈田でうちだけでした。それまでは皆さんのところ10時だったんです。というのは、「朝7時半から朝食を食べて、10時にチェックアウトしなければならないってとっても忙しいのよね」という、これもやっぱりお客様の声だったんです。11時という、1時間のこの延長がなんとホッとするか。そういうお声があったので、うちは11時にしました。11時にチェックアウトするまでが、お客様の1泊2食の料金ですね。そうしたプラスアルファがないと、うちはやっていけなかったわけですよね。

ここにお値段表までは挙げませんが、オープンした当時はそうですね、宿泊料金が通常8000円から10000円が遠刈田温泉の大体の相場でした。13年前ですよ。そのときに、うちは12000円という価格を出したんです。12000円、これじゃお客さん来ないと、私は不安で不安で仕方ありませんでした。でも今ではね、1泊25000円、30000円、50000円のところもできました、遠刈田温泉に。100000円のところもできました。どんどん宿泊料金は高いところ高い施設が増えてきています。でもあの当時は、12000円で高い方だったんです。これじゃお客さん来ないよ、ダメだよ下げなきゃと言っていました。それでも娘がやっていく上で、「ではお母さん、12000円のご満足をいただける宿屋であればいいんでしょう? 皆さんのところが8000円から10000円のときに、うちは12000円で打ち出し12000円のご満足がいただけたら、お母さん、いいのね?」と娘が言うんです。でもどうしたら12000円のご満足がいただけるの、ともう親子げんかですよ。正直言って、この2000円の差って本当に大きい。でもまずできることからやってみよう、それから始まりました。アメニティーすべてを用意し、いわゆる備品、タオル・バスタオル・くし・カミソリですかね。そういうものまで全部ワンランク上げたんです。でも「お客さんはそんなのいただくよりお値段安い方がいいんじゃないの?」というのが私の意見でした。それでも12000円でやってみたんです。

そうしたら、これもまたお客様の声で気付かされたんです。3年、5年経つうちに、平屋ということもあって、どうしてもお客様もご高齢の方が多くなりました。ご高齢の方が多いということは、もちろん1カ月に2、3回来る方もいらっしゃる。平屋だから、お風呂が近いから、食事をお部屋に運んでいただけるから。月に2、3回来ていただいているお客様たちから、「おかみさん、何度も来たいんだけれどもね、お食事あんなに要らないの。食べきれないのよ。まずいから残すんじゃないのよ。もったいないのよね。もう少しお値段が下がって、お食事あの半分でいいんだけれども」と言われたんです。ああそうか。おじいちゃん、おばあちゃんにとっては、前菜から始まって会席盆いっぱいのお食事は食べきれないんですね。それがもったいないという言葉につながっているんだなと気付きました。で、また家族ミーティングです。「こういう声が聞こえてきました、どうしますか」「料金どうしますか」「お食事内容どうしますか」と。それで「ではいい。お母さんの言うように料金をワンランク下げたプランを設定します」と娘婿さんが打ち出したのが、シルバープランという、うちではたったひとつのプランです。うちの、この平屋であるからこそ、部屋食であるからこそできるシルバープラン、これを3年前に立ち上げたんです。これがまたお客様に喜んでいただけるんです、ご高齢の方に。というのは、お食事の量を減らして食べ尽くせるようにしたんです。そうしたらご満足なんです。満足につながるんです。おいしかった残さなかったというものが、お客様のご満足だったんです。これはやってみなければわからないことでした。ですから、私が思いつかないこと、若い人たちが思いついたこと、今はどんどんやってもらう。半年やってダメだったら、そのプランはなくせばいい。そう思って、源兵衛にお泊りいただいたお客様に満足していただけるプランを、娘と一緒に今もいろいろと検討中です。

小さいからできるサービス

このお商売をしていく上で、11室というお部屋しかないところでの経営というのは確かに大変なんですが、大きいお宿のおかみさんたちとおかみ会とかで交流がありますよね。そうすると、隣の芝生は…とよく言いますが、大きいホテルのおかみさんたちは「いいな、規模の小さい宿屋やってみたいな」と言うんです。私は私でまた、「いいな、誰々ちゃんのところは。みーんな社員がやってくれて。おかみは着物を着て、フロントでいらっしゃいませってご挨拶するだけでいいんだもの」と思うんですよ。私みたいに調理場には行かなくてはいけない、接客もしなくてはいけないというんじゃなくって、大きいところのおかみさんは、フロントで「いらっしゃいませ」「いらっしゃいませ」「いらっしゃいませ」、お出迎えのご挨拶をしていればよい。はて、どちらがいいのかなって思うんです。私のように何から何までやらなくてはならないおかみと、ご挨拶だけでよい大きいところのおかみさん。でも大きいところのおかみさんにも、苦労はありました。大きくて社員が多いということは、その社員をまとめなくてはいけない。これが一番の苦労だと聞きました。「どの部署でも、調理場・フロント・サービス、これがあんたのようにはいかないのよ」「これがひと苦労なのよ」と、大きいホテルのおかみさんたちがよく言うんです。その点、私はお手伝いしている人が3人から4人しかいませんので、家族同様です。なので私の気持ちは、いつも社員につながっているんですね。一緒にいれば伝わっていくんですね。

例えば、私がお客様をご案内するとします。廊下をご案内している間に、お客様から「実はね、今日おばあちゃんのお祝いなの」という話を伺う。ご予約時にはそんなこと伺ってないんですよ。でも廊下をスーッとご案内していくなかで、「だからね、今日は孫たちまで来るの」とかね、そういうお話を廊下で聞きます。ああ、お祝いの席だったんだと思うと、ご挨拶をしてお茶淹れが終わったら、すぐ調理場にすっ飛びます。親方に「何番のお客さん、今日何々のお祝いだって。ちょっと心得てね。気持ち入れてね」仲居さんにも「今日お祝いの席だって。ご挨拶は『おめでとうございます』、忘れないでね」全部伝えます。そうすると同じ料金でお泊まりのお客様でも、例えばお造りのなかに鯛を入れてもらえばめでたいですよね。そんなことができるのも、小さい宿屋だからだろうと私は思っています。

また、お祝いのご宴会が始まりますと、ご挨拶させていただくんですね。「本日はおめでとうございます。お祝いの席に当館をご利用いただき誠にありがとうございます。心ゆくまでお楽しみになっていってください」と、ご挨拶させていただきます。でも、そうするとやはり言葉だけじゃダメですよね。さあ、おうちに帰られてから源兵衛での思い出話をしていただくために、ご用意できるもの。それを私はご用意させていただきます。例えば、遠刈田は伝統こけしの里です。ですから遠方からおいでいただいて、お祝いだとか記念の日だとかおっしゃっていただきますと、遠刈田伝統こけし、こんな小さいんですけれども、それをプレゼントさせていただきます。また仙台近郊の方ですと、遠刈田にしょっちゅうおいでになっている。だからこけしはいただいても飾っておくだけという方ですと、うちで出しているお茶請けをご用意させていただいているんです。おうちに帰って皆と、源兵衛でああだったね、こうだったねってお話していただきたいなと思って、お茶請けをご用意させていただいて、ご挨拶のときに記念品としてお持ち帰りいただくんです。ですから、お客様の声にひとつひとつお応えしていこうとする、満足していただこうと思うことが、すべてつながっているんです。

それもこれも、13年前におかみとして表に出始めたからこそ、お客様の声が聞こえるようになったんだと思うんです。

遠刈田のために何ができるか

街のみんなと一緒に

それと同時に、いま街の人たちと私はいろんなことをやっているんです。経営学といっても、実は経営は主人に任せっぱなしです。実際には、私は調理場、接客とフロントをやっているもので、経営の方はもう主人にすっかり任せています。そんな私が、おかみ業をしながら街の人たちと立ち上げたことを、ちょっとだけお話していきましょう。

遠刈田温泉の街のなかには、蔵王通り振興協同組合という表通りがあるんですね。いま手元にあるのが遠刈田温泉のパンフレットなんですが、これ私たちが街のみんなで力を合わせて作った「わくわくマップ」という遠刈田温泉のマップなんです。ここには1店舗ごとに商品紹介を出しているんです。今はご存知のように、お商売がみんな低迷状態でしょう。なんとかみんなで元気にならなきゃ、というので始めたんです。例えば、遠刈田温泉には旅館組合加盟の施設が14軒ございます。千名規模のホテルから、うちのように11室の宿まで14軒あるんですね。でも、みんなが独自のプランを立ち上げ、独自で営業に行っても、遠刈田温泉にお客様が来なかったらお泊まりいただけないですよね。それでみんなに声をかけて、遠刈田温泉にたくさんの方に来ていただくためにはどうしたらいいか、お泊まりいただくにはどうしたらいいか、そんなことを考えて、みんなでこのわくわくマップを作り上げたんですね。これは旅館組合と商店街の女性部とが、力を合わせてやっていることなんです。

旅館ではいろんなそれぞれのプランができているんですが、まず東北を選んでいただき、宮城県を選んでいただき、そして蔵王町、遠刈田温泉を選んでいただかないことにはお商売にならない。では遠刈田温泉をお選びいただくにはどうしたらいいか。元気のない街には、お客様はおいでにならない。みんなで元気を出すにはどうしたらいいだろう。それで旅館組合女性部と蔵王通り振興協同組合女性部との合同ミーティングという会を立ち上げました。

今まで外に出なかった私がぴょこんと外へ出てですよ。「ねえ、みんな元気になろうよ」と言っても、なかなかみんな「ふーん、なんで今さら」みたいな、そんな感じだったんです。ところがDC（デスティネーション・キャンペーン）をきっかけに、町が動かなくてはいけないわけですね。行政がDCの準備をしなくてはいけないわけです。町は町で、私たちをどう動かそうか考えた。行政は、私たち商店街・町民を、このDCに向けてどう動かそうか考えました。ところが「やりなさい」と言ったって、「はい」と言うことをきくような私たちではないですよね。どっちも困って。そのときに私が出ていって、「みんな、ほかの町では作並も、秋保も、鳴子もみんなもう準備始めてるんだよ。私たちは何もしていないよね。遠刈田温泉、それでなくてもトオガッタと読んでいただけないのに、おいてけぼり食っちゃうよね。みんな、それでいいの？　何か始めないと置いていかれちゃうよ」と。「どうすればいいの、久美ちゃん」「どうすればいい？」　さあ、出たことない私。「待って。役場から呼んでくるから、お話していただこうよ」　みんなDCって何だかわからないでしょ

遠刈田のこけし橋

う？　町の広報誌に載せていただいたり新聞でDCって書かれたりしても、何だかわからないでしょう？　じゃあ、ちょっと行政の方を呼んでくるから説明してもらおう。そして、みんなでDCとは何かをお話していただいたんですね。そこから、今からお写真で見ていただきますいろんな企画が立ち上がったんです。

これは、遠刈田温泉にお越しの皆様はおわかりになるかと思いますが、遠刈田大橋です。これ両側、遠刈田の伝統こけしの橋なので、私たちはこけし橋って呼んでいます。これを渡るとこけし館があるんですね。みやぎ蔵王こけし館です。

次に、これはですね、みんなで力を合わせてバスを動かしちゃったんです。遠刈田温泉は今、仙台との間に高速バスが走っています。もちろん白石蔵王駅からもバスが出ています。ただ遠刈田温泉のなかはバスで見て周ることができないので、お車でおいでのお客様か、もしくはタクシーを利用しなければば、遠刈田温泉を見て周ることができないんです。では私たちでバスを立ち上げればいいや。旅館組合にお願いをして、出資していただいて、町からもちょこっと出していただきました。でも、ただお願いするだけじゃ恥ずかしかったので、私たちはバスガイドもやることにしたんです。遠刈田温泉のおかみが。おかみと呼ばれる方は皆ご協力くださいと声を掛けました。旅館組合に加盟しているところは14軒ありますが、大きいホテルさんだとおかみさんはいないんです。すべて支配人です。だからおかみと呼ばれるのは7人だけでした。その7人でバスガイドを始めたんですね。そしてバスガイドをやるからには、遠刈田の勉強をしなくてはいけない。周りの観光地の勉強をしなくてはいけない。今度は夜に勉強会です。そして「遠刈田温泉ループバス」というのを作り、バスガイドを始めました。おかみたちでやればできるんです。おかみさんたちは「忙しくてそんなことしてられない」と、最初は乗り気ではありませんでした。それがシフトを組んだら、見事にみんなでやれるようになったんですね。遠刈田をご案内できるようになったんです。おかみと呼ばれる人たちが、みんな遠刈田を話せるようになったんです。これはすごい力です。自分のところにお泊まりいただいたお客様に、遠刈田をご案内できるんですもの。

私も今朝、高速バスで来たんですが、このバス停の目の前にシャッターが降りている一間半ぐらいの空家があったんです。目の前がバス停なんですが、そこのシャッターが降りている。いくら私たちが「街のなかを楽しんでいってください」と言っても、1枚のシャッターがバス停の前で閉まったままでは、どう見てもみすぼらしかったんです。これも旅館組合に掛け合って、借り上げていただきました。借り上げていただいたんですけれども、なかがボロボロ。今度は娘婿に頼んでその空家をリフォームして、おかみたちでお着物のタペストリーを飾りました。今では、遠刈田温泉にお越しのバス停で待っているお客様たちが、雨風をしのいでそこでお待ちいただけるようになりました。これも私たち遠刈田温泉のおもてなしです。

それから、私たち街中ガイドを始めちゃったんです。これもお客様から教えていただいたんですが、「JR食べバス号」というのがあるんです。バスから降りては食べ、降りては食べという日帰り旅行プラン。関東の方からもおいでになります。仙台駅を出発しまして、白石・遠刈田・山形そして仙台駅、午後6時着というスケジュールです。このJR食べバス号のなかで遠刈田温泉に1時間ほど滞在なさるんですが、この街中ガイド役を新たに請け負ったというわけです。これもシフトを組んで毎日やりました、毎日。私は90日間、出っぱなしだったんです。そして街のなか1軒1軒、「このお店はこういうものがおいしいですよ」「こういうものを売っていますよ」「この床屋さんは15分で耳かきをしてくださいますよ」、1軒残らず、この通りのお店を紹介したんです、みんなで。

今度は蔵王町、おいしいものがたくさんあります。その代表が蔵王町産の梨です。おかみさんたちみんなに手伝ってと呼びかけて、仙台駅でもキャンペーンをしました。これをきっかけに、遠刈田温泉では今、9月中旬から10月中旬どのお宿に泊まっても、必ず蔵王町産の梨が出るようになりました。これを立ち上げたのも私たち旅館組合です。蔵王町産のものだけで、ほかの地域の梨は使いません。蔵王町の梨をお客様にお出しいただく「おもて梨キャンペーン」というのを、今も継続してやっております。

またJRさんで、やっぱり日帰りのプランなんですが「駅からハイキング」、通称「駅ハイ」というプランがあります。10キロぐらい歩くプランなんです。10キロというと相当距離があります。私たちは、お弁当を用意して遠刈田の史跡巡りをやります。これもみんなが力を合わせて、遠刈田流のおもてなしをやってみましょうということで始まりました。旅館のおかみ、商店街のみんなが力を合わせました。

そうしたら今度は、私たちのマスコットキャラクターも出てきちゃったんです。「何かオラたちのマーク欲しいなや」「何さでも付けられるマスコットが欲しいんだや」となったんですね。これは蔵王の御釜です。本当はね、カラーだと緑色なんですが、白黒なのでよくわからないですね。そして遠刈田伝統こけしと、蔵王町の花、桃の花なんです。そして温泉。このマスコットキャラクターは四コマ漫画にもなりました。マスコットキャラクターが四コマ漫画になっているのは、とっても珍しいんですよ。遠刈田だけじゃないかなと思います。そして「遠刈田いがった」って書いてある。

次は足湯ですね。DCのときに、仙台の一番町に遠刈田の足湯を持ってきたんです。足湯を運んできて、温泉も運んで。3日間でしたかね。そして遠刈田温泉に入ってくださいとご案内をしました。役場の人がタンク車、あれで温泉を運んできて、取り替えながら3日間やったんです。「遠刈田の温泉に入ってみてけさいん」「泊りさ来てけさいん」と、お声がけしながら頑張りました。

そういうふうにして自分たちでいろんなおもてなしを考えているうちに、鳴子のおかみさんからお電話を頂戴したんです。「遠刈田は頑張っているね」と。「でも私たちも頑張っているんだよ」「お互いにその頑張り、交換っこしない?」ということで始まったのが、鳴子温泉との交流会でした。鳴子温泉でやっているおもてなし、遠刈田温泉でやっているおもてなしの情報交換をしたんです。そうしているうちに次第に夢が大きくなってきました。いま考えているのが、どこの温泉場にでもある湯めぐり手形。1枚の手形で温泉3カ所に入れるというような湯めぐり手形が、いろんな温泉場で立ち上がっているんですが、これを遠刈田だけではなくて、宮城県においでになったお客様が1枚のチケットで、鳴子温泉にも入って次はそのチケットで遠刈田温泉に来て、そのチケットで青根温泉にも行ける。そんな手形を作ったらと思っているんです。同じ温泉に入ってもつまらないでしょう? 同じ源泉・同じ湯質のところに入っても、しばらくしたら飽きてしまうかもしれません。それよりも、1枚のチケットで鳴子にも入れて遠刈田にも入れてといった方がいいですよね。そういうチケットを今、鳴子さんと一緒になって考えられないかなってお話ししています。

商店街の一員として

こんな感じで、私たちは遠刈田温泉としてのおもてなし、それから1軒1軒、ホテル・旅館そして商店街のみんなが、「おもてなしって何だべ」って考えるようになったんです。そして考えてひとつずつ実行し始めたことが、遠刈田温泉の大きな力になってきたと私は思っています。

「おかみさん」って私よく言われるけれども、おかみさんでもあるけれども、私の場合は商店街の一会員でもあるんです。先程ちょっとお話しましたが、ちょうどこの街の正面が源兵衛なんですね。例えば仙台からこうずっと走って遠刈田に到着しますと、この源兵衛が真正面にあるんです。だから「おかみさん」と言われるけれども、私はこの通りの一員で商店街の会員でもあるんですね。だから「みんなおかみさんと呼ばないで。久美ちゃんと呼んで」と言っています。こういうふうにして一会員であるという自覚を持って、お宿のお商売だけではなくて商店街の輪、またそこからお商売というものにつなげていきたいと思っているんです。

私は街のなかでは、自分のことをおかみとは呼ばない。久美ちゃんといいます。「おかみさん」と言われると、何となくね、壇をひとつ上に上がったような気になっちゃうんですね。そうではないんです。やっぱりみんなで一緒に力を合わせていくためには、ひとつ壇を上がるのではなくて、みんなで横並びになってやっていくことが大事だと思っているんですね。

みんなと、このようにして遠刈田温泉でおもてなしの働きをしてきたんですが、そうしたなかで、遠刈田の人たちとやっていきたい、蔵王町としてやっていきたいと思っているし、みんなで力を合わせればできるんだということを、この3年の経験から私は教えてもらいました。周りの人からね。だから今、私はとても元気で「みんな、やろうよやろうよ」って言って回ってます。ちょうど、私のところは街の中心にあたるんです。ですから集まりやすいんです、場所的に。だから何でもうちでします。うちの宴会場が空いていれば、「みんな、うちの宴会場に夜7時ね。遠刈田小唄の練習するからね」「はい、盆踊りの練習するからね」というように。ああそうだ、ここにいる皆さんでお盆のときに遠刈田温泉に来たことある人いますか？　いらっしゃらない。もし機会があったら遠刈田温泉、来年は百周年記念の盆踊り大会もあります。これは仮装盆踊り大会なんです。仮装ですよ。そして仮装の面白さを競うんです。賞金も付きます。そのために街の人たちは、1カ月も2カ月も前から準備するんですけれどもね。私のうちの前の通りが全部通行止めになって、仮装盆踊り大会をやります。来年はきっとものすごい盆踊り大会になることでしょう。百周年の記念式典ですからね。実はその踊りの指導も、私がしているんです。地元に育ち、生まれて育った私だからこそ、「いま私たちが子供たちに伝えていかなくてはいけないのは何だろうな」と考えていたら、「久美ちゃん、踊り教えてくれたらいいのに」と言われたんです。それで「私でよかったら」と、盆踊りの2カ月前になると幼稚園・小学校・中学校に行って盆踊りを教えています。

まず郷土を愛すること、自分の生きていく街を愛すること、それを私はこの歳になって初めて知ったということです。みんなが、遠刈田の人たちが、遠くから来られたお客様にひとつでも多くのご案内をし、ご満足いただいて、「また来るからね」「今度は泊まりに来るからね」っておっしゃっていただけるような遠刈田温泉でありたいと思っています。だから、これからも街の人たちと力を合わせて、私は頑張っていきたいと思っています。

どうぞ皆さんも遠刈田温泉にいらしたら、気軽に声をかけてください。今は、おうちのなかに私はいません。ほとんど街中でちょろちょろと動いていますから、見かけたらぜひ声をかけてください。ちょうど、街のなかに「神の湯」公衆浴場・足湯があるんですが、そこの目の前の宿屋が源兵衛ですから、「この間はどうも」と声をかけてみてください。うちの主人も学院出身なので、きっと学院の方たちなら大歓迎だと思いますよ。

これから皆さんもいろいろ勉強を頑張ってくださいね。そしていろんな場面で、おもてなしという言葉を心に留めながら生きていかれることと思います。いま私は自分のやっている仕事が本当に楽しいということ、楽しく仕事をしてお客様に喜んでいただくという幸せ、これが私の伝えたいことでした。

（講義日　２０１０年11月10日／編集担当　松村尚彦）

第6章

音楽と緑に包まれた都市型温泉旅館の経営

高橋 知子

旅館情報

篝火の湯　緑水亭

■所在地：宮城県仙台市太白区秋保町湯元上原 27
■連絡先：022－397－3333
■創業年：昭和 43 年
■客室数：100 室
■http://www.ryokusuitei.co.jp

秋保温泉とは

まず、われわれの旅館がある秋保温泉について簡単に説明させていただきます。秋保《あきう》という地名の由来ですが、これは諸説ありまして、平安時代にこの地を治めていた「藤原秋保」にちなむという説、秋保大滝は秋保の象徴となっておりますが、アイヌ語で滝を「アボ」といいこれにちなむという説、詩経あるいは易経にある「百寿ノ秋ヲ保ツ」という長寿を意味する言葉からきているという説などがあります。

温泉の歴史ですが、古墳時代の後期、第29代欽明天皇（531〜539年）の頃に始まるとも言われております。名取川沿いに立地しているので、「名取の御湯」として尊ばれるようになったということです。その後、大正の頃には、秋保電気鉄道が開業したことで湯治客の交通手段として使われるようになり、湯治を中心に入湯者数が大きく伸びることになりました。若いみなさん、「湯治」ってご存知ですか。それこそ自炊道具なんかもすべて持参して、宿屋に1週間、2週間泊まって、体の悪いところを治す、癒す、そういう場所でありました。秋保温泉のお湯は、無色透明です。それほど強い臭いもありません。一号泉〜四号泉の源泉がありまして、他の旅館がそれを引湯しております。引湯というのは、源泉をみんなで分けて使ってそれぞれの宿にお湯を引き入れる仕組みです。

そのなかでも当館・緑水亭は、高台にあります。秋保温泉の地区のなかでも山のてっぺんにあるため、先に触れた源泉ではなくて、独自の源泉を掘っております。1000メートルの地下からくみ上げた源泉でございまして、泉質もまったく違うものを使っております。鉄分、塩分が豊富に含まれていまして、色も茶褐色の少し濁り湯のようになっております。

また歴史の話に戻りますけれども、大正時代に入りまして、その湯治場であった秋保温泉が、秋保石という石の採掘を盛んにしておりました。先ほど少し待ち合いの時間に、東北学院大学の校舎の外壁も秋保石だというお話を受けておりましたけれども、それほど秋保でたくさん石がとれていまして、その石を運搬するために馬車軌道があったわけですが、後にそれが秋保電鉄、秋保と仙台の市街地を結ぶ電車になりました。今でいう長町の近辺を通りまして秋保の方に入ってくる。その電車が、昭和36年あたりですね——自動車がだんだん普及してきてあまり電車にも乗らない、そして秋保石もあまりとれなくなってきたということで、その電車が廃止となりました。秋保温泉は、その後、湯治場からどんどん近代リゾート化してきました。そして、建物も木造ではなくて鉄筋コンクリートで増築しリニューアルオープンする、そういう時代になってきまして、湯治場という雰囲気も徐々になくなってきました。近代リゾートホテル、大型施設が多くなるにしたがって、秋保温泉も栄えていったんですが、それで電車もなくなってしまいました。そして、現在に至るわけですが、全国レベルの知名度を持つ温泉地として栄えるようになりまして、今では仙台市民の憩いの場、観光地というよりは、すぐそばにあり気軽に行ける温泉地という感じで市民の方にとても愛されております。

都市型温泉への変容

そして現在の秋保温泉は、仙台市街地から大変近い、立地がいい、アクセスがいいということで、都市の香りのする温泉地として広報されております。仙台という都市も、東京を少し小さくしたような、東京のミニチュア版のような、何でもそろっている都市でございます。そういう都会のなかの温泉地ということで、鳴子さん、作並さんとか、そういう温泉地と比べて何が違うか。秋保には、湯けむりが立つ、下駄をカラコロ鳴らして歩くような温泉街がありません。お越しになられた方はおわかりかと思いますが、どちらかというと各旅館の施設が大きいので、そのなかでお食事、おふろ、お買い物、あとはカラオケとか遊びの部分、これらすべてが旅館のなかで完結してしまう温泉地です。ですから、お土産屋さんとか、おふろ上がりに浴衣で少し歩きたいという風情のある街並みがなく、その部分が少し秋保にとっては足りない部分でもあります。確かに課題ともいえるわけですが、むしろ都市の香りのするスタイリッシュな温泉地というコンセプトで、秋保温泉の活性化、まちづくりを進めた方が近道ではないかと各旅館の経営者たちは話しております。仙台市とこんなに近く、アクセスもいい、そして大きい施設がたくさんあって、宿泊観光が完結できる施設が揃っているのだから、何も昔っぽい、湯けむりをわざと立たせなくても良いのではないかと若手経営者たちで話し合っており、スタイリッシュな温泉地づくりということでいま頑張っております。

そのなかでも、芸術だとか文化とか、先ほどもお話したんですけれども、そういう発信も秋保温泉からあっていいねということで、最近では音楽のイベント、あとは俳句とか短歌のイベントなんかも秋保温泉で行っております。今の時期ですと、これも5年ほどやっておるんですが、ノルディックウォークというスポーツも取り入れまして、秋保温泉の近辺を歩いて、そして汗を流して温泉に入ってくださいねという、そういうスポーツ関連の発信も行っております。そのために旅館のスタッフ、旅館の経営者がノルディックウォークの免許を取って、こちらは国際免許になりますが、それをお客様にレクチャーできる体制を整えるような取り組みをしております。秋保温泉ノルディックウォークという大会も数回開催しており、こちらも大変人気でございます（２０１２年現在では、秋保でのノルディック大会の開催は行われておりません）。

緑水亭の設《しつら》えと湯質

先ほど秋湯温泉のなかでも高台にあるというお話をしましたけれども、創業が昭和43年となります。秋保国際ホテルとして創業いたしまして、当時の秋保は湯治場が多く、木造旅館が多くありました。そのようななか、秋保国際ホテルは、秋保で初めての鉄筋コンクリートの宿として建築され営業を開始しました。

私の祖父が創業者なのですが、もともとは仙台市内で石材業を営んでいた人間でした。その石材業も下火になってきて、何かしなくてはならないとなったときに、私の祖父の生まれ

ダイナミックに石を配した露天風呂

故郷が秋保だったということで、生まれ育った土地で何かをしたい、生まれ育った地元に何か還元したいということで、その石屋をたたんで、秋保の山を買って宿屋を始めたという話を聞いております。その石材業をたたんだ後に宿屋をスタートしたものですから、同館はほかの秋保の施設さんよりもたいへん多く石を使って建築されております。露天風呂、あとはロビーですね。また広い庭園がありますが、その庭園の池の周りにもたいへん大きな石を使っております。自慢の露天風呂も大自然の広大な庭園のなかにある露天風呂でして、そこにもダイナミックに石を配置しております。露天風呂は、昭和60年に開設いたしました。地下1000メートルからくみ上げた露天風呂ですが、先ほど話しましたように、秋保地区でも緑水亭だけの独自の源泉ですから、うちでしか入れないオリジナルのお湯になっております。

泉質が独特で、鉄分と塩分が豊富ですから、上がった後もぽかぽかするんですね。上がってそのまま宴会場に行かれても、皆さん、すごく体が温かいねという喜びの声をたくさん頂戴しております。なかなか入れないお湯ですので、これだけはちょっと宣伝させていただきます。

あとは、スタッフの話も後ほど詳しくしたいなと思うんですけれども、当館はとても若手スタッフを多くとっております。着物を着てお客様にお料理を提供するいわゆる仲居さんというスタッフも、平均年齢が23～25あたりですか。そのぐらいの世代の子たちにたくさん働いてもらっていますので、明るくて、そして元気で、お客様により近い接客をする、をモットーにしております。

おかみの仕事

音楽家として

私、若おかみということでご紹介させていただいておりますが、私の母が健在で今もおかみとして現場の方に出ております。おかみがいると、どうしても私は若おかみということになるんですが、みやぎ おかみ会に所属してからは、外のいろいろなところに秋保温泉の紹介ですとか、宮城の観光を紹介しに行かなくてはならない場面が増えまして、おかみさん、おかみさんと言われることが多くなりました。若おかみでも、おかみでも、おかみに違いないということで、私も日々頑張っております。

私は、家娘ということでお嫁さんではないものですから、母は実母であります。2代目の長女として生まれまして、4人姉妹なんです。女しかいなかったということで、後継ぎをどうするのかという話になりました。男の子供がいないと、そこがすごく問題になるんですね。仕方ないから、長女だし私が継ぐしかないねとなって、今に至っております。旅館業に入るまでは、まったく違うことをしていまして、武蔵野音楽大学でピアノを専攻しておりました。幼少からピアノが好きで、ずっと将来はピアニストになりたいという夢を持ちながら武蔵野音楽大学に進んで、卒業後も東京で3年ほど音楽関係の仕事をしておりました。卒業したら帰ってこいと父に言われて、「はい」なんて言っていたんですが、やはり一度東京に出るとなかなか帰りたくないというのが正直なところでした。就職して頑張りたいなんてわがままを言って、3年ほど東京で音楽の仕事に携わりました。その後3年たってから、やはり親から戻ってこいと言われ、そのときに父が体調を崩しており具合も悪かったものですから、こんな状態でもおまえは帰ってこないのかと大変喧嘩もいたしましたが、自分でも納得して、それで2000年に東京から仙台に戻ってきました。音楽は一段落して、旅館業に没頭しましょうということで、2000年に緑水亭に入社しました。

修行時代

けど何もわからないわけです。自分の家のこととはいえ、社員が100名以上いますし、そこにぽっと入って、では何ができるのと自問自答しながら、やはり現場を知らないと将来的に何もできないと考えて、まず現場に入りました。社員の人たちと一緒に出勤、退社をして、旅館のなかにもいろんなセクションがあります。フロント、仲居さん、サービス、あとは裏方、バックヤードの布団敷き、下膳、お客様とは直接接しない部分の清掃チーム、調理場ですね。お金を管理する経理、そういう事務方の仕事のチームもあります。すべてに入って、2~3カ月ぐらいのペースで、フロントに3カ月、仲居さんに3カ月、あとは夜のナイト・パブリック部門とわれわれは呼んでいるんですけれども、お酒を提供するバーテンダーチームですが、そこでも3カ月ぐらい同じような格好をして仕事をしました。あとは清掃、調理場、フロント、最終的に経理の部門に戻ってきました。いわゆる修行ですけれども、それに約3年ほどかかりましたね。3年ちょっとかかって全部の部門を回りました。本来ですと、もう少しゆとりがあれば、自分のところの旅館ではなくて、どこか違う温泉地の旅館に行って勉強ができたらもっと自分にとって良かったとは思うんですが、何せ父の具合が悪かったということもあり、あとは自分のところをよく知った方が早いということもありまして、自分の緑水亭に入って3年少し修行をして、そのあとに若おかみとして着物を着て外に出ることになりました。

おかみ、母として　今は主に館内で何をしているかというと、もちろんお客様へのごあいさつだとかお迎え、あとはお見送りなんていうのは当たり前のことですが、そのほかに企画の部分の担当をさせてもらっています。例えば、宿泊プランありますね。そういうものの創り上げとか、料金設定、1万円のものもあれば3万円以上のプランもある。そういうプランの設定と整理。後は館内の企画、いろんなイベントがあります。年間のスケジュールがありますけれども、そのスケジュールの管理などをやっております。

館内でのコンサート

そのなかで「音楽でのおもてなし」ということで、当館ではロビーコンサートを10年近く行っております。「社長と若おかみのコンサート」はお客様にも好評です。お正月とゴールデンウィークには「幸せ気分のコンサート」と題して、金管五重奏とヴァイオリン、フルート、ピアノのアンサンブルをお楽しみいただいております。世界最小のオーケストラを緑水亭で体感できます。

あと今はインターネットからのご予約のお客様が大変多くなっております。大手の旅行会社さんがたくさんありますが、昔は、旅行に行きたい、どこかに行きたいなというと、それらのお店のカウンターに行って旅券を買うということになっておりましたが、今はどこでも夜中でもパソコンや携帯から旅館を予約できるようになっております。そういう時代になっております。ですので、インターネット予約の管理という、今までになかった仕事もしなくてはなりません。実は、旅館にとっては大変苦痛な部分でございまして、何が苦痛かといいますと、そのインターネットに大変弱いんですね。今までは対面でのやりとりが多かったんです。お客様に来てもらうために、宿泊プランを買ってもらう、あとは旅券を買ってもらう、予約をしてもらう。今までは電話だけでした。それが今では電話よりもメールが多いですね。予約するにもメール、キャンセルもメール、クレームもメール、すべてがメールで事が済んでしまう時代になっております。旅館もそれにうまく対応していかなくてはならない。そのために、そのノウハウを持った人材を社内で育成しなくてはならないということになります。まったく知識がなかった旅館の経営チームのなかから、あなたパソコン得意だよね、インターネットわかるよねという、そういうレベルから始まって、インターネット企画担当のようなチームもつくり上げ、そして日々の管理にあたっております。あとは外交という業務です。言葉は格好いいんですが、観光業や旅館業のことを広く県民の皆様、そして市民の皆様に知っていただこうということで、みやぎ おかみ会に所属をしまして、その発信役も務めております。

長女だったので旅館を継いで、そして何年か経って縁があって結婚をすることになりました。いい方がいて、いわゆるお婿に来ていただいたのです。そして旅館を一緒に経営してくださいということで、結婚することになりました。そして今3年たつんですけれども、その間に子供を2人産みました。年子で産んで、上が2歳、下が10カ月の男の子2人なんですけれども、結婚と出産を経て、今年4月に仕事に復帰したばかりです。やっと仕事モードになってきました。日々、仕事と子育てに奮闘しております。

そして、先ほどお話ししましたけれども、今はインターネットがどうしても切り離せない。旅館でもブログ、あとはツイッターをやりなさいと、よく言われます。私も、社員も、ブログをやっております。私も旅館のホームページのなかでブログを公開しており、こちらはもう7、8年になります。今年7月からツイッターも始めて、若おかみのツイッターということで、つぶやいております。

旅館経営の実践

経費管理　さて、本日は経営学部の皆様ということで、少し旅館経営の中身のお話もしていきたいと思います。旅館、ホテルの経営とは何ですか、と質問されたときに、一言でいうと、もちろん売上が大事なんですけれども、売上だけではなくて経費の部分も大事になってきます。経費の管理です。あとは社員の管理が大事になります。ちょっと雑な捉え方ですが、その2点が大変重要な部分になっております。お客様に来ていただいて、お客様にお金を支払ってもらい、それが売上になっていくわけですが、そのなかでやはり必要な経費がたくさんあります。もう膨大でありまして、旅館というと食材、あとは浴衣、そういう目に見えるものの経費というのはすぐ頭に浮かんでくると思いますが、それだけではなくて、例えば経費面で固定費とか維持管理費なんていうのもありまして、施設が大きいだけにお客様のいる、いないにかかわらず、発生してしまうお金があるんですね。例えば電気代もそうですし、おふろを空っぽにしておくこともできないので、その維持管理の水道光熱費、そして電

社員が維持管理する大きな日本庭園

気、ガスのボイラー関係もそうですね。すごい機械装置がございます。旅館を裏から支えているのが、このボイラーの管理です。また、その維持費もかかってきますので、いつもそこで頭を悩ませており、そこの統制が必要になってきます。

特に、当館は山の上にあって、何をするにも山の下から引き上げなくてはなりません。水もそうです。あと、食材に関しても細かいことをお話すれば、トラックで食材の業者さんが上がってくるんですけれども、やはりその手間もかかります。山のてっぺんに建てると何かとお金ばかりかかるなんて、常日頃ぼやいているんですが、そういう意味では維持管理費がほかの旅館さんよりもかかっているのではないかなと私は思っております。あとは庭園ですね。庭園の維持管理費。こちらも数年前までは造園業者さんを入れておりましたが、造園業者さんにお支払いするお金が大変大きかったものですから、何とか社員でできないかと考えました。社員のなかに、造園の資格を持ったスタッフがいたんですね。その人にいって、そういう資格を持った人をもっと連れてきてもらえないかということをお願いしました。例えば社員として来てもらったり、あとはパートの方に造園管理してもらう、そういうシステムをつくりまして、すべて社内でできるように取り組んでまいりました。

また最近では、お客様にかかわる経費ということで、サービスの見直しを毎日進めておりまして、サービスの簡素化というと少し語弊があるように思いますが、サービスのスリム化をしていこうと考えております。社内のスリム化をしよう、むだを取り除こうということで、今の時代はお客様もベタベタな接待をあまり望まないんですね。昔ですと宿に到着して、お荷物を持って、お部屋までご案内をして、お茶を入れて、どちらからいらっしゃいました、今日はどなたといらっしゃったんですか、ああだこうだとしゃべる。そして、お食事の時間までに仲居さんととっても仲良くなる。昔はそういうのがいたって普通だったんですが、最近は全部が全部ではないんですが、もうお茶も要らないよ、案内も要らない、ゆっくりしに来たんだからいいよ、荷物も持たなくていいから、部屋番号だけ教えてくれ、というお客様も大変増えております。いやそんなお持ちいたしますからとか、お茶ぐらい入れさせてくださいというやりとりも最初はあったんですが、最近では、ちょっと一歩引いて、お客様がそう望むのであればそこに無理にずかずか入っていくサービスをしなくてもいいよねという話し合いを持ちまして、全部ではありませんがそのようなお客様がいたら、自然体でお客様との距離をきちんと保ちましょうということにしました。一方、団体のお客様とか、そういうコミュニケーションを楽しみに来たお客様であれば、お茶を入れにいき、何かご要望がありませんかという、そういうやりとりもしましょうよと。臨機応変に、そこはお客様を見て対応していきましょうと。そういうサービスのいわゆる簡素化やスリム化も取り入れております。お客様のニーズに合わせてサービスを転換するというのは、大変に勇気もエネルギーもいるんですね。今までお茶を入れていたのにそれを入れないって、すごく簡単なようで、実際現場では難しい。お茶を入れなくていいんでしょうか、おかみ、なんていう話が現場から出たりもします。すぐに明日から現場でぽんぽんとやり方を変えていくというのはなかなか難しいので、少しずつ変えていく、そういうことがすごく大事になりますね。

宿泊単価の減少

ここ数年、旅館の経営で一番頭を悩ませていること、それが宿泊単価なんです。宿泊単価、皆さん旅館とかホテルに行くときに、どれぐらいでお泊りになりますか。1万円とか、旅館ですと1万5000円とか、いろんな値段がありますが、その値段が最近はもう下がる一方なんです。インターネットで、例えば1000円の宿とか、そういうのも出てきているぐらいなので、大変頭が痛い部分なんです。宿泊単価が下がるなかで、やはり売上の維持もしなくてはならない。あとは売上アップの作戦も考えなくてはならない。お客様が館内にいらっしゃってお泊りになったときに、入り口は、例えば1万円で来られたと。その1万円はどうしようもないですよね。変わりようないので、その1万円で入られてきたお客様に、館内でどうやってお財布を開いてもらえるか。その企画をチームで考えたりするんですね。例えば子連れのお客様、あとはカップル、老夫婦、壮年夫婦、そういうターゲット別にお客様を分け、またグループ、団体、学生さん、そのようにお客様をさまざまなカテゴリーに並べて、緑水亭に来てお風呂に入ってご飯を食べて、あとは例えば何をしたらお財布を開いてもらえるかと考えます。すごくリアルな話になりますが、どうやったらお土産をたくさん買ってもらえるか。あとは、どうやったらお食事のときにお酒を1本多く頼んでもらえるか。宿泊単価のアップももちろんですが、館内商品、館内で付加的に消費してもらえる価格について日々考えております。その価格を100円でも200円でもアップできると、年間の売上に大きく響いてきます。例えば、お客様に売店で500円の品物を買ってもらえるようにして、毎日ひとりで500円売上がアップしたら、年間では売上が相当変わってくる、これは大きいよねと。ワンコイン使ってもらうには、どんな作戦がいいのかな、という話もよくしています。

そして、団体客というのは、すごく減っています。宿泊単価が下がっていることに比例して、バスツアーですとか、あとは大きな団体のお客様がどんどん減っています。その背景として、いまは一般企業の会社の慰安旅行、忘年会、新年会、あとは歓送迎会、それらの集まりで来ていただくことがすごく減りました。これからの季節だと忘年会のシーズンに突入して、数年ほど前までは秋保温泉も大変な賑わいをみせていたんですが、会社さんの忘年会は、わざわざ宿に泊まられることなく、例えば国分町とか街なかの居酒屋さんとかで済まされます。そういう傾向が強いので、なかなか1泊2食で来ていただけなくなってしまい、さらに宿泊単価も落ちているという。旅館経営は大変厳しいというのが現状です。

ただ、最近伸びてきているものもありまして、その伸びてきているものというのが、日帰り温泉の入浴客数ですね。こちらが宿泊の人数よりも、今年もですし昨年もそうだったんですが、秋保地区は伸びております。やはりその背景にはアクセスが良いということもありますし、昨今では車の高速道路の料金が手頃になってきたということもあって、今まで見たことのないようなナンバーの車のお客様で、宿泊かなと思いきや、お風呂に入れてくださいという方が大変増えております。では日帰りの入浴時間も延長した方がいいねということで、たいてい鳴子さんとか作並さんは、日帰り入浴は午後3時までというのが多いんですが、秋保地区は、例えば夜10時までとか、うちは夕方6時までお風呂が楽しめる宿として紹介しております。旅館もお客様のいろいろなニーズにお応えできる、そういう営業を展開するということが日々大きな課題になってきております。

人事管理　旅館を経営していくうえで、おかみさんは大変ですか、やりがいは何ですか、ということをよく聞かれますけれども、やはり旅館は人で成り立っているというのが私の持論です。もちろん経営とか数字の部分が大事なんですけれども、人で成り立つ商売といいますか、人がお金を生んで、人が物を生み出すのが旅館なのかな、ということを常に感じています。やはり笑顔でお客様に接客できる。簡単なようでなかなかできないんです。これは日々の課題なんですけれども、男性でも女性でもお客様に好印象を与えられて、そしてお客様をイライラさせない接客ができるようになる。かゆいところに手が届く、そこまでいくにはやはり数年かかりますけれども、やはりスムーズな接客ができて、そしてコミュニケーションがとれて、お客様に心地よくなっていただけると、お客様も財布を開いてくださるんですね。いいよいいよ、ではこれもお願いねとか、ではこれも1本頼むわと、気持ちよくさせるサービス、心地よくさせるサービス、そういうことができて旅館というものが成り立っていっていると私は思うんですね。

苦労といいますと、すべてが苦労になってしまうので、私は苦労していますとか、頑張っていますとかあまり言わないようにしているんです。たくさんのお客様と会えることが一番の楽しみ、やりがいですね。時にはすごくお叱りを受けることもありますし、サンキューレターと私たちは呼んでいるんですけれども、宿泊されて帰られた後にお手紙をもらうことがすごく多いんですね。あとはフロントにお手紙、メッセージを置いていただくことも多いんですけれども、そういう部分でお客様との宿以外での接点もすごく多いです。最近ですとメールでも、良かったよ、あとはクレームもいただきますので、メールでのやりとりも大変多くなってきております。私にとっても、そういったお手紙ですとか、メールですとか、もちろん電話でもいろんなお話を頂戴することもあるんですが、それらは自分としてはエネルギーをチャージできる、そんな時間だと思っております。そして、お客様へのサービスの問題で、例えば予約内容がとっても複雑だとか、アレルギーでこれも食べられない、あれも食べられない、だからこういうお料理にしてちょうだいねとか、あとはちょっと要望が多いお客様などもおられますが、お客様のことで頭を悩ませるというのは常日頃のことなので、それはあまり苦労だとは感じないんですね。

それよりも、社内の社員、スタッフの統率をとる。そこが日々大いに苦戦しているところです。お客様は毎日変わりまして、臨機応変にその場その場で答えを出していかなくてはならないので、何日も何日も引きずることってあまりないんですね。お客様に不快な思いを残さずに帰っていただくようにするのが私の役目ですから、その場その場で解決を出し、結論を出していきます。だけど、どうしても会社内のこと、社内また組織のこととなりますと、管理という言葉ひとつではなかなかうまくいかないところがございます。100名以上社員を抱えておりますので、その組織を統率しまとめていくのもおかみです。若おかみの立場として重要な仕事になります。これはなかなか外部からは見えない部分で、そんなこともやっているんですかとも言われます。

やはり皆さんがイメージする旅館の組織というと、番頭さん、おかみさん、支配人とか、そういう言葉が出てくると思うんですけれども、この3つは旅館独特の役職名なんですね。一般企業というと、社長がいて、専務がいて、課長、部長とかいて、社員がいて、という感じですけれども、もちろん我が社も株式会社なので、社長そして専務という組織図はあるのですが、どうしてもおかみとか、あとは支配人とかそういう者がおりますので、一般企業の組織図とはちょっと違ってくるんですね。おかみとか支配人は別格というと口幅ったいですが、旅館にはなくてはならない存在、全体の取りまとめには欠かせない存在であります。なので、おかみだからここだけ、支配人だからここしか見ないのよというのではなくて、もうすべてのことに首を突っ込まなくてはいけない、意見も言わなくてはいけない、もちろん感想も言わなくてはならない、いろいろ変化させていかなくてはならない、そういう立場にあります。

会社として経営していく上で組織図はつくりますけれども、一般企業と何が違うかというと、何でもしなくてはならないんですね。組織図はあっても、それが現場に反映するかどうかはまた別問題で、目の前にお客様がいますから、お客様のことがまず優先になります。ですので極端な話ですけれども、社長が玄関前にいて、お客様がご到着された、そうしたら社長も送迎をします。おかみが館内を歩いていて、お客様がお布団を汚されたと聞きましたら、お布団も取り替えます。清掃もします。あとは、逆の立場から、清掃の人たちが何か仕事があってフロント前に来ていたと。お客様から見たら、その人もスタッフの一員ですから、クレームも言われます。そういうことで、すべてお客様優先の動きをしていかなくてはならない、それが旅館の組織体系ということになります。簡単に言うと何でもしなくてはならない。何でもこなしてもらわないと旅館の仕事は勤まらない。ちょっと厳しいですけれども、私はこれだけよ、私は仲居業だけ、私は清掃だけよ、私は調理しかできないんだから調理場から出たら私はもう全然関係ない、そういう考え方はとても寂しいので、そういう社員がいると、ちょっと来てちょうだいと呼びかけていろいろと話をするんですね。臨機応変に対応していくということを社員にも求めます。

何でもしなくてはならないと今話してきましたが、小さな旅館でも大きな旅館でも、目の前にお客様がいれば迅速に対応して、そしてお客様に喜んでいただく、それこそがおもてなしにつながっていくのではないかなと思います。目の前にいるお客様が大事なんだと。これ結構簡単そうで、簡単ではないんですね。フロントにもパソコンが並んでいますので、予約業務でモニターを見ていて、お客様がいらっしゃっても気づかないとかということがあります。それってどうなの、と討論するんです。お客様が目の前にいるのだから、まずお客様でしょうと。そのパソコン上の処理は後からできるでしょうと。そういったちょっとしたことなんですが、日々そういうことが重なってお客様へのおもてなしにつながるということを実感しています。

旅館経営と地域観光の将来

遊べる経営者を目指す

あとは、地域のこととか観光業の話とかになるんですが、観光業のこれからの可能性としては、旅館、ホテル、宿泊というのは娯楽の部分になるので、はっきり言って、人が生きていく上で必要不可欠なものではないんですね。ただ人生のプラスアルファーとして少し楽しみがあったらいいなということで、旅館というものを楽しんでいただければ、という思いを日々持っております。見る、食べる、あとは体験する。これが観光のキーワードになりますけれども、その見る、食べる、体験する、というものを充実させて、土地柄や地域の特色を出して、そして感動をいかに与えられるかがこれからの観光業の課題ではないかと思います。

そして、観光業を支える経営者としてどうあるべきかということ、今日の話の真髄になるかと思いますが、表現を砕いて申しますと、遊べる経営者が必要だと私は常に思っています。遊べるというと、どうだろうかという意見もあるかと思うんですが、私の持論として、頭のなかでガチゴチに考えず、数字だけを追うのではなく、心も体も遊べる経営者を目指しております。発想豊かに、常に柔軟な物の考え方、それを持ちたいなと。そしてよりよいサービス、楽しい企画、そういったものを生み出していきたい。そのためには、自分も真面目だとは思っているんですけれども、真面目だけではだめで、やはりちょっと心に遊びがないと、なかなか発想も出てこないんですね。自分が喜べないとお客様もきっと喜んでもらえないというのが体験としてあるので、なんか今日はつまらないな、今日、館内にいてつまらないないなと感じたときは、ああきっとお客様も今日うちに来てなんかつまらないと思っているのかな、こう考えてしまうんです。そうなったときはやはり気持ちをピリッと入れかえて、館内をぐるぐる回って、何か不備なところはないか、ちょっと探したりします。やはり何か刺激のある毎日でありたいなと常に思っています。旅館、ホテルは、マニュアルだけでは絶対にこなせないですから。もちろんマニュアルというものはありますが、実際お客様と接していくと、とてもマニュアルだけでは対応しきれません。やはり心で遊べる経営者、遊べるゆとりを持てる経営者になりたいというのが私の考えであります。

おかみの夢

おかみの夢を最後に少しお話して締めくくりたいなと思います。私の夢として、もちろん緑水亭が繁栄していくことが一番、発展繁栄が一番なんですけれども、それだけではなくて、やはり秋保温泉がもっと全国に知られてほしい。なかなか、「あきう」って読んでいただけないんです。どこに行っても、海外に行っても、あきう温泉と読んでいただけるように知名度を上げていけたらなというのが夢でして、それはひとつひとつのおもてなし、日ごろの各旅館や各おかみさんたちのおもてなしこそが、ひいては秋保温泉全体の評判にもつながりますので、日々のおもてなしを大事にしたいと考えております。それが秋保を輝かせて、秋保の知名度アップにつながるんだと思っております。

そして、おかみとしてこれから継承していきたいこととして、やはり日本の良い文化を伝えていきたいなと。旅館、おかみというのは日本語独特の言葉で、英語に訳すといろんな訳し方があるんでしょうけれども、ホテルといってしまえばホテルなんですね。おかみさんという言葉も、例えば名刺とかで裏側に英語で訳しているおかみさん方もいるんですけれども、なかなかおかみの訳ってなくて、おかみはやはりおかみなんですね。日本語にしかないもので、例えば中国とか韓国とかに行くと、おかみという漢字は、女の将と書くのでとても勇ましい人ではないですかとよく言われるんです。女の将って一体何なの、どんなことしているのということで、けっこう中国の方などはびっくりされたりするんですけれども、それぐらい独特な名称です。おかみというと、やはり着物を着てお客様をおもてなしするというのがイメージとしてありますよね。毎日朝から晩まで着物を着ているわけではないんですが、やはり日本のいいもの、伝統というものを、宿屋を通じて日本の皆様に、これからは外国の皆様に伝えられたらいいなと思います。あとはその日本の文化と一緒で、さまざまなマナーや作法がありますが、経営する私たちの側だけではなくて、利用するお客様にもマナーを大事にして欲しいと思います。もちろん私たちも経営する上でお客様に接するマナーとか作法とかを日々勉強していく必要はありますが、提供する側だけではなく、利用する側のマナーや作法もお客様に知っていただきたいと思っております。それは常々館内を歩いていて、われわれの態度ももちろん大事ですが、やはりお客様はおひとりだけではないので、たくさんおられるお客様のなかでのマナーや作法って大事なんです。皆さんが利用される施設を使っていただく時にはこういうことを守ってくださいね、こういうふうにするんですよ、そういうこともこれからはお客様とコミュニケーションをとりながら伝えていかなくてはならない時代に入ってきております。マナー、作法、そういうものを含めた日本の良き文化を継承していきたいと思っております。

最後になりますけれども、緑水亭は、私を筆頭に若手チームで頑張っているフレッシュな旅館でございます。ぜひ日帰り温泉からスタートしていただいて、宿泊も、そしてご家族での何かの記念日とか、お友だちとの記念日なんかにも宿泊していただければなと思っております。今日ここでお会いできたのも何かのご縁だと思いますが、先ほどもお話しましたけれども、ブログにも本日の思いを書かせていただきます。あとはツイッターなんかもやって、日々仕事のことだけではなくて、自分がやってきた音楽のこととか、子育てのことなんかもつぶやいております。ご興味のある方は、follow me please

（講義日　２０１０年10月20日／編集担当　村山貴俊）

第7章

地域とともに成長する旅館を目指す

阿部 憲子

旅館情報

南三陸ホテル観洋

■所在地：宮城県本吉郡南三陸町黒崎 99－17
■連絡先：0226－46－2442
■創業年：昭和 47 年
■客室数：244 室
■http://www.mkanyo.jp

ごあいさつ

本来、私は話をするよりも聞く方が好きでございまして、どちらかというと話を聞くことが好きというのが、こういった接客業には多少向いている面があるかなというふうに自分では思っております。どうしてもお話をすることに慣れていない点もありますので、今日はお聞き苦しい点があったり、話が右にいったり左にいったり後ろに戻ったりということもあると思います。ぜひ皆さん、聞き上手で受けとめていただくとありがたいと思っております。

旅館は個性豊かです。高級旅館があったり、それから大型旅館もあったりというように、さまざまな旅館がございます。それぞれに良さがあると思っています。私はこういった仕事について、一番の魅力は人との出会いだと日々感じております。毎日おかげさまで数百名のお客様をお迎えしております。さまざまな地域のお客様、幅広い年齢層、それからいろいろな職業のお客様と。皆様の年代のお客様、学生旅行のお客様も随分増えてまいりまして、大変うれしく思っております。

今日皆様に話をさせていただくことを考えるにあたり、自分の20代を振り返ってみると、失敗と反省の積み重ねだったと痛感しております。今40代後半になりましたけれども、やはり20代というのはすごく大事な時期だなと。私自身も思うに、土づくりの時期ではないかなと、少し経験を積んで感じていますが、やはり20代の過ごし方によってその後大きな花が咲く人もいるでしょうし、大きな木になる方もいるかもしれないですし、弱い芽しか出ないケースもあるのではないかなと思います。皆さんもそういう非常に大事な時期をお過ごしだと思いますので、さまざまな方のお話を聞きながらいろんなことを吸収していただきたいと思っております。

水産業から観光業へ

私どもホテル観洋は、もともと水産会社が親会社でございます。気仙沼にございまして、阿部長商店と申します。その歩みは細かく会社案内に並べてございますが、現在の会長である私の父が創業者です。昭和8年生まれでございまして、何もないところから裸一貫で仕事を始めました。リヤカーを引きながら魚の行商をしたというのがその商売の初めでございました。おかげさまでその水産会社も軌道に乗りまして、水産会社の閑散期に、市場卸をしていた関係で、会長が全国各地に営業に行くこともあったんですね。そのときにいろいろな全国各地の施設に泊まりながら観光業に興味を持ったのが、旅館を始めたきっかけでございます。そのときに気仙沼から南三陸町を通りかかったところ、非常に雄大な海の景色があると。いつもその南三陸町のところで大きく深呼吸をしながら休憩をしておりました。そのときにこの雄大な海の景色をもっと多くの人に知ってほしい、そう考えたのが、南三陸の地にホテルをつくったきっかけでございます。自分の仕入れていた海の幸をそのままお客様に直接ご提供したいと、水産業とそれから観光業という二本柱で会社を運営しております。

今は私たちの業界も、老舗旅館でさえ苦戦するケースもありますけれども、まったく異質

雄大な海を望むホテル

に感じられる商売を2ついたしていることが、ある意味では私どもの強み、特徴になっていると感じております。その後、気仙沼にご縁があってサンマリン気仙沼ホテル観洋を開業し、その後に気仙沼プラザホテルもオープンすることができております。なお、気仙沼に第三セクターでつくっている海の市という施設があるのですけれども、そちらも物販スペースと、それからレストランの部門とに出店をいたしております。なお、プラザホテルの下にもお魚いちばという物産施設があり、そちらも私どもで営業をさせていただいております。

水産会社の方は、気仙沼に本社・気仙沼工場が、そして南三陸にも水産工場が、また石巻の渡波にも系列会社があって、このたびおかげさまで、初めての県外の施設ですけれども、大船渡市の方に新たに50億円の設備投資をしながら新しい工場を建設しております。水産会社も国際化の時代なんですね。今非常に少子化が進み、それから残念ながら日本では

「魚離れ」というような状況にあって、そういうことも踏まえながらもっと魚の魅力を海外にも知ってもらおうということで、中国やロシアの方にも営業に出向いているのですが、海外に行くと日本食のブームがすごいんですね。お寿司の人気も高いです。というようなことで、時代の変化に伴って、私どもの経営もいろいろ進化をしつつあります。

以上が、我が社の大まかな概要になります。おかげさまでホテルの方は、私どもの創業者がこの立地がすばらしいと見出しただけに、海からの日の出、今パワースポットというのが話題に上がりがちですけれども、海から上る日の出を、しかも露天風呂から裸で日の出を見ることができる。これが運気が上がるんですね。皆さんで少しダウン気味の方は、ぜひ裸で日の出を見ていただきたいなと思うんです。思いがけず風水の先生から、非常にすばらしいパワースポットだとつい最近ご紹介いただいたりする、恵まれた立地でございます。なお、客室に入りますと、窓辺にウミネコのお出迎えがあり、とても自然環境に恵まれております。

特色ある事業展開

温泉探査の成功

なお、私ども南三陸温泉の開湯、それから気仙沼温泉も開湯できましたけれども、実は随分前にいろいろな学者の方に調査をしてもらったときには、この三陸地域は絶対温泉が出ないと言われました。私どもも旅館の商売をしている限りは温泉がやはりなくてはならないというか、ぜひ何とか地域のためにも掘ってみたいということで、無理だ

太平洋からの日の出がみられる露天風呂

ろうと言われていた温泉掘削に挑戦しました。初め南三陸の方で挑戦したのですけれども、1265メートル掘削して、何とか2年半かかって温泉を掘り当てて、2本目が気仙沼の方だったんですけれども1800メートル掘りまして、これが気仙沼温泉と。あと南三陸ではもう1本掘りまして、そのときには2000メートル掘って掘り当てました。内陸部であれば、数百メートル掘ると温泉が出たりというようなこともあったりするんですけれども、沿岸部のどこまで掘っても岩盤ですよと言われるような環境のなかで、そういう自然の恵みがさらに加わることで、非常に地域のお客様からも喜ばれたり、それからご遠方からみえる観光客の方にもさらに魅力が増したということで、喜んでいただいているところでございます。

悪い交通の便の克服

なお、やはり私たちの観光の仕事は、どうしても宿の魅力だけでは十分ではなくて、足の便というのは大事です。以前ですと、なかなかいいところだけれども、ちょっと簡単には来られないところだというお話をよくいただいておりました。JRの便も8時半ぐらいに駅に参りませんと、列車に乗れない。1本乗り過ごしてしまうと、12時半ごろの出発ということで、都会の方からこんな不便なところとか、いろいろ苦情を頂戴して参りました。今はもちろん多少本数が増え、あとは高速バスも新たに運行されましたので、そういう面も変わりましたが、それでもそれだけでは十分ではないんじゃないかということで、早い時点で旅客運送の許可を取りまして、無料のシャトルバスを運行しております。どうしても東北は、交通の便が問題であるということを指摘されがちでございましたので、何とかそういう面をクリアしたいという思いで、仙台、それから石巻と、あと一関方面にも出したりしています。

託児所の開設

なお、私どもの方では、どうしても若い人が大勢いる地域でないがゆえに、以前ですと人手不足が悩みの種でした。そのときに、何とかそれを解消したいと。女子社員たちが、学校を卒業して仕事に従事し、せっかく慣れてきたなと思うところで、「結婚します」、または「出産します」ということで辞めてしまう。これは非常に残念である。そういうことを解消するために、託児所を開設いたしました。今年で17年目になります。今私どもの施設で保育士が4名と、それからお食事担当の方が1名と、計5名で運営しています。このように、経費負担が重いので、私どもがつくった当時には他社も何軒か挑戦したところがあるんですが、早々にやめてしまったところもありました。けれども、利用したスタッフからは非常に喜ばれ、それから私どものスタッフ以外の地域の方からもぜひ子供を預かってくださいというお声が出てまいりました。というのは、小売業にお勤めの方ですとか、それから例えば看護士さんだったり、そして福祉施設にお勤めの方なども、不規則であったり、土日勤務があったりします。私どもは365日運営しておりますので、そういう地域の方も世話をするという流れになりました。

4、5年前に、仙台で子育てフォーラムというのがあったんですね。当時、高市早苗さんが大臣だったのですが、その大臣が参加したシンポジウムで、当社の託児所の運営が珍しいので事例発表をしていただきたいというお話があり、その事前発表に参りました。すると、コーディネーターの方が富士通総研の方だったんですけれども、その地域の子供を何で預かることができるんですかと言われまして、私もそういう要望がありましたので空きがある限りはお世話させていただきましたと話しましたら、全国に1カ所だけと話されたんですね。私どもは、そんなに特別なことをしているつもりはなかったんです。民間の託児所だったものですから。ただ、私どももどちらかというと、地域のためにとか、人のために、というようなことは意識していましたし、特別なことと考えてしていたわけではないのですが、非常にすばらしいことだというお話をしていただき、とてもありがたくも思いましたし、今のような時代には大変だったけれども、何とか継続して運営できてよかったなと思っている部門でございます。これも、私どもの特徴かと思っております。

オプショナル・ツアーの展開

それから、観光船。これは系列会社なのですが、観光船も持っていますので、今は観光庁の方も1年に4泊してもらえるように何とか頑張りましょうという目標を掲げているんですけれども、今現在のところはまだまだ届かない状況でございます。私も滞在のお客様を増やすというのは、やはり地域の魅力がないと当然2泊、3泊していただけるはずがないので、何とか地域の魅力をつくり上げたいと。また地域の魅力に気づいていないものを何とか見つけ出して磨いたり、私どもができることでそういった魅力のあるものと連携したりはできないだろうかと考えまして、いろいろ地域を意識したまちづくりに取り組んでおります。

例えば、「気仙沼らくらくコース」。これは観光バスで、気仙沼までお客様に見学に出向いていただくというコースです。あとはその都度なのですが、例えば春の時期であれば、5月の末ごろにツツジがきれいな田束山という山がございます。そこからは海のパノラマが360度の景色でご覧いただけます。

そういった魅力的な場所がございます、お勧めのところがございます、と言っても、車でお見えでないお客様にはどうしても行きにくいですので、送迎つきでわかりやすくそういったコースを具体的に提案する。どうしても部分部分だけのお知らせであると、利用者側からすると非常にわかりにくく、「でも、行くにはどうして行ったらいいですか」「料金は、車代、食事代等全部別々だったら結構かかりますね」といったお話になってしまいますので、そういったところを工夫しております。

なお、私どものロビーで地域のいろいろな手づくり品のお知らせをしてみたり、お客様に体験をしていただいたりということも実施しております。今、押し花教室も数多くあると思うのですが、私どもの地域の押し花は、海藻も組み合わせてといった、地元の特色を生かした押し花に取り組んでいるグループもいらっしゃいますので、そのような方にお見えいただいて、2泊していただいた中日に、そういった体験をしていただいております。さらに、漁協の方と相談をしながら、市場見学なども含めた地域の探索コースなどもつくってみたら、お喜びいただけるのではないかとも考えております。

また気仙沼にも私どもの旅館――気仙沼ホテル観洋、気仙沼プラザホテル――がありますので、何か気仙沼の活性化につながることはないかなと考えました。皆さん気仙沼というといろいろ思い浮かぶものがあると思いますが、最近露出の多いのがホルモンですね。気仙沼ホルモンが、だいぶマスコミに取り上げられていますので、そういう連携もおもしろいかなと思いました。ある雑誌の関係者にお声掛けして、旅館に泊って気仙沼ホルモンを食べに行く、という企画を作りました。そのときにお客様にも何か特典を付ける必要がある。気仙沼の水産業関係者はタオルが必需品なんです。首にかけたり頭に巻いたり。ですから、タオルをお客様に差し上げるといいなと思いました。色は、赤か黄がいいなと考えました。アントニオ猪木さんが、赤いタオルを巻いているんでしたっけ。赤か黄色がいいわと言ったら、その雑誌の関係者がキャベツ色の黄色でどうですかと言ってくださいまして、黄色いタオルを首にぶら下げたり、また頭に鉢巻のように巻いていただきながら気仙沼のホルモンを食べにいくということになりました。タオルを巻いてきてくれたお客様には量をプラスするとか、小鉢をサービスするとか、ビールを安くしてくれるといった特典を設けてほしいとお願いしまして、これも多くのお客様にご利用いただきました。というようなことで、皆で知恵を絞るとさまざまな効果も出て、特に私どもだけではなく、よそ様といろいろ連携をするというのは掛け算のような効果であると思っております。自分のところの限られた力だけではなくて、別な分野の方々といろいろ相談をするとまた非常に広がりが出てきて、思いがけない展開につながったりします。

南三陸キラキラ丼

それから地域との関わりのなかで、いまB級グルメブームと言われておりますけれども、私どもの町には海の幸のおいしいものがあると。A級素材があると。A級素材を使ったお食事の提案ができないかなと思いまして。私どもの町はサケの水揚げも県内一なんですね。ですからその時期にこのことを思い立って、「そうだ、サケでまちおこしをしよう」と考えました。それが「南三陸キラキラ丼」シリーズなのですが、それを直感的に想い浮かんだ発想からすぐに行動に移したいと考えました。サケの水揚げがそろそろ始まるなあ、と。サケというと、亘理のはらこめしというイメージが強いのですが、そちらの良さももちろん十分存じていますが、ぜひ南三陸町もそういった話題をつくってみたいということで始めました。仙台・宮城デスティネーションキャンペーンで、だいぶ一般の方や観光に携わらない方たちにも観光への理解が高まったという状況が、私どもの町でございまし

南三陸キラキラ丼

た。ああこのタイミングが非常にいいなと。DCが終わってからのことでしたけれども、飲食店組合の方にこの話を投げかけましたところ、「それは非常におもしろいですね」と話がまとまって、南三陸でキラキラ丼シリーズをやろうと。この「キラキラ」というのも何となく若い人にも響くといいなと思って、片仮名のキラキラという名前を入れてみたんです。おかげさまで、このようなシリーズを始めたところ、今までお客様が少なくて困っていた飲食店にも、随分お客様が押し寄せて行列にもなっているお店があるほどにぎわっております。こういうなかなか難しい時代に、非常に簡単にと言うとちょっと語弊がありますけれども、比較的早い時点でお客様がいらしてくださいまして、大変うれしいですね。

この企画は、高級食材を使ってあまりにも高い料金ではお客様が手を出しにくいのではないかなと思って、どんぶり物であれば比較的お昼に召し上がっていただいたり、あとは観光でみえるお客様以外に、地元の方も気軽に食べていただけたりするのではないかなと考えました。どうしても私どものような町ですと、地元の人がお休みの日によその町に行ってご飯を食べてしまう、というケースが多くなっていて、その辺に私どものような郡部の飲食店が悩みを抱いていました。今、三陸道がどんどん北上しているんですけれども、道路が延びれば延びるほど地元の人がよその地域に行ってしまうと心配されがちでしたが、いろいろ魅力があれば都会の人がその町に来てくれるという、そういう流れができまして、非常に順調に推移しているところで季節ごとに地産地消を意識しながら特徴をつくってみました。11月からの時期ですとイクラどんぶり、それから春先ですと南三陸春つげ丼。イクラの後に何の食材にしようかな、と春先にいろいろ考えたのですけれども、ひとつに絞って挙げることが難しかったのです。実は農協さんで、春告げ野菜というものを出していたんですね。ああそうだ、春つげという名前がいいな、と思って。それで農協さんにお声をかけましたら、農協さんにも喜んでいただいて、たくさん春告げ野菜を私たちにお見せいただき、売り込みに来ていただけるほどでした。春先には私どもの旅館のキラキラ丼の提案が、飲食店の人に響いていと。その後の第2弾のときにはさらに農協さんにも響いて、ということでいろいろな連携がとれて、当初には短期間でこの広がりは予測できなかったことなんですが、結果として地域との連携が広がってきました。その後にウニ丼だったのですが、ウニの開口というのがありましてそのときにウニをとるんですけれども、今年はそのウニの開口が遅かったんですね。そうしましたら人気商品だったものですから、町の飲食店に行ったときに、ウニの品切れ状況が出てしまった。そのようなときに、お店同士で材料の貸し借りができるほど、町の飲食店の方たちの横の連携が良くなって、お客様の席数がないと、あちらの店だったらご利用いただけますよ、というようなお勧めをできたりするようになってきました。ですから、競争だけではなくて、みんなで共に頑張るというような状況ができました。また、秋の秋旨のネーミングをどうしようかなと思って3日ぐらい考えてやってみたんですけれども、秋の食材はいろいろおいしいものがあるんですね。カツオだったりサンマだったりと。ただやっぱり飲食店が何軒かありますので、あまりハードルを高くするとみんな継続するのが大変だなと思って、秋の旬の食材さえ使えばOKとすると取り組みやすいと思って考えた商品でございました。

ということで、今のところ南三陸町では、飲食店ともうまく連携をし、それから漁協、農協とも連携ができてきております。また、いつも役場の方に窓口になってもらい、いろいろと中間の調整をやってもらいながら話を進めていただいております。官民一体が理想的に進められている、というのが私ども南三陸町の現在の特徴かなと思います。

家業に誇りを持つ

話がまたホテルに戻りますが、私どもホテル観洋ができたときには、ドライブインとそれから57名ほど収容の小規模な施設からのスタートだったんですが、おかげさまで何回かの増築を重ねながら進んでおります。もちろん旅館は規模の大小が問題ではなくて、それぞれの特徴が大事になってきますけれども。私は学校卒業後間もなく家業の仕事に入りました。私がなぜおかみになったかと申しますと、初め水産業を営んでいたんですが、私が10歳のときにホテル観洋を開業し、それができた時点からあなたが跡取りなんだと常に言い続けられておりました。そのときに父は、家業が一番いい仕事であると、家業に誇りを持て、といつも申しておりました。

私ども、もともとが魚屋なものですから、うちの食卓では肉が食べられないんですね。うちの父は、家業が一番いい仕事、家業に誇りを持てと言うぐらいでしたから、家で肉を食べるのが許されませんでした。父の機嫌が悪くなるので、母は父がいないときを見計らって子どもの栄養を考えて、お肉料理もつくってくれたりしたんですが、なぜかそういうときに限って父が帰ってきたりするんですよね。私たちもお肉を食べるのにびくびくしながら食べなくてはいけないというほど、うちの父は非常に強い信念を持っているタイプだったんです。私、皆さんのような若い方とも時々接することがあります。私どもも毎年新入社員を迎えまして、今年は25名の新入社員を採用したのですけれども、その面接のときにいろいろ質問させていただきますけれども、父親の職業を聞いても言えない人たちがいるんですよね。「お父様は何をされていますか?」といっても、「さあ」とか、「どこの会社にお勤めですか?」といっても、それがわからないというケースがあって、私も残念だなと思います。私も親から、仕事に誇りを持て、と言われながら育ったので、ぜひ親の仕事には誇りを持っていただきたいと思います。

ですから、よく商売のおうちに生まれたお子さんで、商売のうちに生まれて嫌だったわ、とか思ったりするケース、友人でもおりますが、でも私自身はやはり商売をやっていると家族の団結が強くなりますね。やはり食卓でついつい家業の話に、というようなことで。ですから、商売の家に生まれて良さもあるなと思うんです。もちろんサラリーマンの家庭に生まれての良さもあるんですね。転勤族の家庭であれば、皆がわからないいろんな地域の生活を体験できたりもすると思いますし、やはり何事も受けとめ方が大事だと感じます。ということで、自分の環境をプラスに受けとめていただくことが大事ではないかと思います。

　私はそのように、特別に選ばれたわけではなくて、おかみになっていますので、魚屋の娘で生まれて、それで学校を卒業してから、一緒に学卒で入った社員の人たちと一緒に仕事に取り組みました。ですから、自分の家の仕事であっても「門前の小僧、習わぬ経を読む」という状況でもなく、何もわからないうちに入ったのが、20代の多くの失敗につながっていくことになります。ですから、皆さんもこれからいろいろ難しい場面だとか、さまざまな逆境があると思うのですが、ぜひ、それは乗り越えていただきたいと思います。私もうれし涙ではなくて、悔し涙と情けない涙をどれだけ流したでしょうか。やはり、そうでないと身につかないんですよね。それはつくづく感じます。特に私が仕事に取り組んだときは、もともとは魚屋育ちで、旅館の仕事に従事したので、番頭の人たちに、番頭というか当時いたベテラン社員に教わりましたけれども、昭和一けたの人たちからは教わることがすごくありましたね。やはり仕事に対する姿勢だったり。ですから、お若い方たちは、ぜひ世代の違う人たちのお話をよく聞いたり、そういう方と積極的に接した方が自分のためになると考えてください。

旅館経営で大事なこと

人との出会い

人との出会いが一番の魅力だと話しましたが、どなたかが「会う人皆師なり」とおっしゃいましたが、本当にそのとおりだと思います。年の若い方からもいろいろ教わる点がたくさんありますし、お子様からも気づきを与えていただけることがあります。ですから私も、自分でどこかで修業をしたわけではありませんでしたので、仕事をしながらいろんなことを身につけなくてはならない。私どものように３６５日、24時間の営業ですし、さまざまなお客様がお見えになりますので、予期せぬ出来事が発生する場合もございます。ただ、そういう時の判断は待ったなしなんですよね。それは、どの仕事でも同じだと思うのですが。私は、母が旅館の現場に出ていなかったものですから、今の施設で初めてのおかみとして20代から務めていました。どうしても、サービス業を営んでおりますと、責任者を出せ、というような場面が発生してしまいます。すなわち、おかみを出せ、という場面ですね。そして参りますと、何であなたが来たの、という顔をされる。当時20代ですから、お客様が何か納得いかないお顔をされる、ということが続いておりました。ですから私は20代のときにはいかに自分を老けてみせるか、いかに落ち着いてみせるかということを意識していました。今は40代後半になったので、今日はちょっとピンク色の着物を着てきたのですけれども、以前は茶色とかグレーとか黒とか、そういう着物しか着られませんでした。団体のお客様の場合ですと、宴会場でご挨拶を、というご要望があったりするんですね。そういった場面で参りますと、何だ、まだ早いよと言われるんですよ。なぜだかわかりますか。酌婦さんと間違えられるんですよ。もちろん、私どもの酌婦さんはもっと器量がいいですけれども、どうしても私が仕事に出だしたころは、酌婦さんの年齢の方が高いんですよ。私の母ぐらいの人が酌婦さんで、自分の方が若いと。私どもに出入りしている酌婦さんも非常に仕事がしにくかっただろうなと、当時を振り返ると思ったりします。ですから、皆さんももう少ししますと社会人になって、どうしても20代というと当然技術やら知識やらも不足していますから、お客様から物足りなかったりだとか、さまざまなご指摘を受けたりするケースがあると思うのですが、そういうことがあったときにはめげずに何とか頑張っていただきたいと思います。私も随分布団のなかで、3年後にはできてみせるとか、5年後にはできるようになってみせると、自分で意識していたという記憶がよみがえってきます。今それなりにできている方たちも、すぐにできているわけではまったくないんですね。いろんなことを乗り越えて強くなったりですとか、そういったものを身につけたということでございますので、そのようにお考えいただくといいと思います。

それから、私も若い方とご一緒させていただいて、やはりあいさつの重要性は、ぜひ皆さん、知っていただくとよろしいと思います。学校においても、それから職場においても、そして家庭においても、やはりあいさつは最初のコミュニケーションのきっかけになります。人間関係の潤滑油です。気まずい関係の人たちを見ると、あの人は自分にあいさつをしないとか、片方の人はあの人もしないとか、という理由をよく聞きます。ですから、まずは自分から進んでするということをぜひ意識していただくといいと。それから、どうしても私どものような接客の仕事についた場合には、やはり第一印象は大切です。第一印象で損する人って結構いるんですよね。そういう人たちはどういう人かというと、やはり笑顔がない人なんですね。ですから、笑顔の大切さもぜひ知っていただきたい。おしゃれというのは自分のため。身だしなみは周囲に対しての配慮でございますので、社会人になった場合は、基本的な心構えが重視されることを頭の片隅に置いていただくとよろしいかと思います。

お客様の目線からの発想

自分は修行もしないで仕事に就きましたので、どういったところで気づきを得たかというと、やはりお客様目線から見るということが大切なきっかけになりました。時々、会議で出かけたり、研修で出かけたり、そのときにお客様になってみると、やはりいろいろ気づくことがございますね。ここの施設はすごくお手洗いがきれいだわ。清掃の方にここのお手洗いはきれいですね、と言うと、私は1日3回やっているんですよ、とかいろいろなことを教えてくれる人がいたり、またあるレストランに行ったときに、若いウエイトレスさんなんですけど、非常に感じが良いな、と思ったりします。3回目に行ったときですかね、「お客様、以前もご利用いただきましたね。いつもご利用ありがとうございます」というような声をお掛けいただきました。私も、「あれ、よく私のことを覚えていましたね」と話したときに、その若いウエイトレスさんは、「お客様は以前もおひとりでお見えになりました。私はそのお客様が団体でお見えになったとか、家族連れでお見えになったかというようなことを頭に入れながら、お客様を覚えるようにしているんです」といったことを話してくれました。ですが、私などはなかなか顔と名前が一致しないものですから、なるほど若い人でも志をきちんと持っていると、こういった良い接客ができるんだな、といったことを気づかされました。

若者による情報発信

一見華やかに見える仕事ですけれども、本当に1日1日の積み重ねですね。はたからみると格好いいなとか、華やかだなと見える仕事ほど大変だったりということはありがちですね。私どもの情報誌を編集しているうちのひとりは、東北学院大学の卒業生でございます。ただし、最近では郡部で働く若者が、どんどん都会にあこがれて出ていってしまいます。以前ですと、長男だから地元に残った、というケースもありましたが。郡部に生活をしていてもいろいろ活躍ができる、いろいろ発信ができる、ということを感じてもらいたいということで、若い人たちに任せながら情報誌を発行しております。

それから、私どものホームページをご覧いただいたことはありますか。よろしかったらご覧いただきたいと思うのですけれども、ブログを毎日更新しています。若いスタッフが7名で、日替わりで情報発信しております。やはり若い目線って大事ですね。私もそういう若い人の目線に立つことで、いろいろヒントをもらうこともあります。そして、そういう取り組みをしながら、若い人にも私たちのような仕事にもっと関心を持ってもらい、それから町では若い人たちが輝いていませんと、また若い人が増えてもらいませんと困ります。ですから、私どもの会社で少しでも何かできたら、役に立つことは何だろうと考え、日々さまざまなことに取り組んでおります。継続は力なりですね。情報誌の号を重ねたり、それからブログも今年１０００回を超えました。こういったわれわれの取り組みに魅力を感じて、都会で勉強しても、ぜひ郡部出身の方には戻ってきていただけるとうれしい、そう切に願っております。

インターネットの恩恵

今、インターネットでのお客様のお申し込みも増えておりますので、大変ありがたいですね。今まですと旅行会社のカウンターでの販売が中心でして、お客様がどこどこ温泉に行きたいんだけれども、そのなかでいい旅館はどこなんですか、というお申し込みが多かったらしいんですね。そのときに、やはり観光地の知名度がなかったり一軒宿だったりすると、その際にお勧めいただけないケースがありました。ところが、インターネットでいろいろ情報を網羅していただいたおかげで、努力次第とか、魅力があればお客様にたくさん来ていただけるということで、この夏も楽天さん、じゃらんさん、るるぶさん経由で東北では一番ぐらいお客様にご利用いただいたり、年間通じてもネットエージェントさんでは上位に入っております。いろいろと研究しながら、その時代に乗り遅れないように取り組んでいこうと考えております。そのためにも、そういったネットが苦手な世代よりは、皆さんのようにそれが当たり前で育った方たちに、遠慮しないでのびのび活躍してもらいたいと思っております。

スタッフの個性を活かす

日々のおもてなしの取り組みについては、特に私自身に特別な能力があるわけではございませんので、スタッフの持ち味をどんどん高めていきたいと考えております。情報発信が得意な人にはそういう分野で取り組んでもらい、また別な面で特技のある人にはそちらで成長していってもらうと。

先ほど、私どもで託児所を運営しているとお話をしました。世間でも子育て支援という流れもございましたので、最初は、ホテルのなかにキッズルームをオープンし、保育士の人たちを、土日に限って夕方お世話のために配置していたんですね。これをちょっと毎日にしてみようと考えて、ひとりずつローテーションを組んでおりました。そのときにお客様も国際化の時代で、毎日のように外国のお客様もお泊りに来るようになったものですから、私どものところにも、中国人のお嫁さんにお勤めいただいておりました。そういえば面接のときに中国で保育士をしていたと言っていたな、ということを思い出しました。日本語もきちんとできますし、子供をお世話するということは国を超えても当然共通していることでもありますので、キッズルームの方にローテーションのひとりとして入ってもらい活躍いただいておりります。ですから、スタッフには、いろいろな特殊な技能をどんどん発揮してもらいたいという思いがあります。

強みを活かす

それから自分自身で特に意識していることは、やはり長所を伸ばすということです。私どものホテルが平成9年にリニューアルをしたとき、創業者が雄大な景色に目をつけただけあって、お客様からお褒めの言葉をよくいただきますので、やはりこの景色を最大限生かそうと思いまして、海の景色がパノラマのように広がる160メートルのロビーをつくることができました。落ち度があるところや短所を直そうとすると時間もかかったりしますし、お弁当なんかも幕の内弁当ってあまり記憶に残らなくて、かえってそれだったら何かトンカツ弁当だとかシャケ弁当みたいな方がいいなと思ったりするのですが、悪いところだけを直そうとすると、平均的にしかならないこともあるのではないかと思います。ですから、そういう特徴のあるものにより磨きをかけていくと、それが個性につながると考えております。それが魅力になるようにハード面もつくってまいりました。ハードも人も、良い面を伸ばすということで同じではないかと思っております。

目標を定めよ

それから私どもの創業者の話になるのですが、私の父は兄弟が多くて、長男でもなく、家業を継いだというわけではありませんでした。本当に何もないところから商売を始めて、現在800人ぐらいの社員を抱えておりますので、そういった会社をつくれた人だけあって、やはり人一倍努力はしておりますね。私が客観的に見ても、やはり時間の使い方が人一倍貪欲であります。いま携帯電話など便利になりましたが、私が小さい頃、携帯電話がない時代に電話機を2台並べておくんですね。電話を同時に2台使い分けしながら、お客様との駆け引きやら、商談をしているんですね。1回1回するよりは一度に2台使ったりする方が効率的だったりします。本当に時間の使い方が貪欲でありました。

私もいろいろなお客様とお会いして、特に還暦や古希の集まりであったり、同級生の集まりなどもお迎えしておりますけれども、60代や70代になったときに、同じ時間を過ごしてきた人たちですが、やはり違いがありますね。老けて見える人とか、すごく若々しい人とか、環境や心がけによって違いが大きく出ると思うんです。どう時間を過ごすかによって次第に違いが大きくなってくるんだと思います。ですから、私の父は特に親から何か資金をあてがわれたわけではないですけれども、ただ皆さんに平等に与えられているのは時間でございますから、その使い方をどうするかで、大きな違いが出てくるのではないでしょうか。やはり運が強かったというのもあるかもしれませんけれども、運というのは自分が努力しないとなかなか巡ってこなかったりすると思いますので、本当に努力次第だなと思います。

私などは、この家に生まれたという使命感で頑張っております。この道しかないと思ったことが、やはり自分を強くしたのだとも思います。いろいろスタッフを見ていても、やはりいつも迷っている人は中途半端のままという気がいたします。ですから、悩ましい時代だったり、そういう時期であったりするとは思うのですが、早い時点で何かお決めになったことは信念を持ち、またご縁があって決まったことはご縁あってのことだと思いますので、頑張り抜いていただきたいなと思っております。

人材は人財なり

やはり、どこの会社も人材ですね。本当に人は大事ですね。先ほどお話いたしましたが、平成9年に70億ぐらいかけて一番大きな設備投資をいたしました。その設備投資をする前に、お客様からクレームが出やすい部屋や箇所がありまして、この工事が終わると一挙にそのクレームから解放されるな、との考えでリニューアルをいたしました。そのとき痛切に感じましたのは、ハード面よりもソフト面の重要性です。これをすべてに感じました。やはり人であると。ハード面ではないソフト面なんだ、ということを感じました。100引く1は99ですけれども、ビジネスにおいては100引く1はゼロになってしまうんですね。ささいなこととか、たったひとりの至らなさがすべてを台無しにしてしまうという、厳しさを学んだ時期でもございました。ですから、本当にいいものをつくる、いい会社にするということは、人づくりが非常に大事なんだと感じ、それに取り組み続けることが必要だと思っております。

今おかげさまで、私たちの観光業もこのように大学で講義する機会を与えていただき、それから旅館で学生さんの研修を受け入れ、また学校の先生も研修に見える、そういう状況になりました。これは私が仕事に就いた頃には考えられなかったことです。私は、家業は一番いい仕事であると、誇りを持てと教育され成長してきましたので、私が旅館に入ったときに、私どもの支配人が大卒だったんですけれども、その方が旅館に就職したとき親に泣かれたとか悲しまれたという話を聞いて、何か父の言っていた話と様子が違う、と感じました。特に、私どもの地域は第一次産業が主体でございましたので、観光に対する理解が少ない地域だったんですね。ですから、どうしてもそのお客様にサービスを提供するということは、朝早くに出勤するスタッフもいたり、それから逆に遅くまでお世話をしてから帰るようなスタッフがいたりという状況だったものですから、それが誤解を与えてしまったりしておりました。製造業だと、みんなで5時に帰りますとか6時に帰りますとなるかと思いますが、そのような状況にはなく、交代制だったりする関係上、どうしても誤解を与えてしまった面がありました。

何とかこの仕事への理解を高めたい、誤解を解消したい、仕事に就いたばかりの頃はそんなことばかり思っておりました。事務所に残っていると、うちのお母さんは一体何時に帰ってくるんだとか、うちの妻は一体何をしているんだとか、うちの娘はまだ帰ってこないといった、そういう心配の電話を受けるにつれ、誤解を解消しなくてはいけないなと思いました。問題があったりすると、知恵がわいてきたりするんですね。これを何とか解消しなくてはいけないと。それをきっかけに年に1回なんですけれども、家族懇親会ということで、社員の家族をお招きすることにしました。毎年三百数十名ぐらいご参加いただくのですが、1泊2食でご家族でゆっくり過ごしていただくということで、それを毎年実施してきております。おかげさまでそれを実施してから、誤解が解消されました。非常に仕事への理解が深まったり、また私どもの方でもやはり遅い時間まで働いていただいたり、それから早い時間に、というように不規則なお仕事、また日々きちっとお勤めいただくというのは家族の支えがあってこそ、家族の協力があってこそと考えており、家族の方にも感謝を伝える場として続けております。

それから、毎日営業しておりますので、一堂に会しておもてなしやサービスに関して勉強するのが難しいという事情もあります。そこで、随時行われているサービス講習会があって、交替で参加してもらったり、地元の方でも観光に対する理解が高まっているので、行政サイドでもサービス講習会やらおもてなしの勉強会を開いていただけるというありがたい環境にもなりましたので、そういったものにも参加してもらったりしております。また、2009年から、JTBさんの方で「おもてなし検定」を制定していただいております。その際に、私はああよかったなと。どうしてもサービス業というと、事務であれば簿記の何級であったり、パソコンの検定などもいろいろとあったりすると思うのですけれども、ホテル業界にもサービスに関する検定があるんですね。サービス技能検定といい、3級2級1級なのですが、旅館業界においてはなかなかそういう制度がなかったので、ああそういうものがやっとできるんだ、と思いました。これはぜひ継続し充実するように、何とか私どもでもできる限り頑張ろうと思ってスタッフに呼びかけました。試験が苦手な世代の人もおります。自動車免許を取って以来の試験ですとか、それからパソコンを使って行うWEB検定だったものですから、そういうことができない世代もおり、尻込みする人たちもいたのですが、みんなで取り組めば大丈夫だからといって無理やり手を引っ張って挑戦しました。そうしましたら、われわれが全国で一番受験したということで、宮城県の郡部にいても何とか頑張れば日本で一番という評価を得ることもできるのです。

私は、人が大事ということを常に意識していますので、人気のある会社の方に会ったりしたとき、例えば某トラベルの副社長にどんな人を採用したいですかと尋ねてみました。すごい学生の応募数だと思うのですが、当時副社長だったその方は、「元気な人」とお答えになりました。いの一番に「元気な人」と言われたので、ちょっと意外だなと思いました。あとは何ですかということをお聞きしましたら、「真心で仕事ができる人」とおっしゃいました。また、ある有名企業の人事の方は、「ストレスに強い人」ということもおっしゃっていました。いつぞやお会いした、また別のそういったお立場の方は、「素直な人」、それから「学ぶ姿勢がある人」とお話されました。もちろんそれぞれの会社で特に重視する点はさまざまだと思うのですが、でもそういったお返事がありましたので参考までにお伝えしておきます。

いつぞや、行政機関のトップの方とご一緒するチャンスがあったときに、その方が関西の出身の方だったんですね。東北に住まわれて、東北をみて、どういうことをお感じですかとお聞きするチャンスがあったのですが、関西出身のその方は、関西の人は1のことを10にして言うと。ただ、東北の人は10の魅力があっても1しか言わないと話されていました。私は人の話を聞くのが好きなので、いろいろとチャンスある限り勉強会にはお邪魔するようにしておりますが、経営者向けの話で共通して言われるのは、時代が変化してもやはり企業はトップ次第なんだということです。あとはやはり、観光面では情報発信が足りないと。ＰＲ

が足りませんよというのもよく言われたことです。ですから、私もPRができるチャンスには、できる限り情報発信をしなくてはいけないと思っております。

（講義日　２０１０年10月27日／編集担当　折橋伸哉）

第8章

保険外交員からおかみへ

佐々木 久子

旅館情報

うなぎ湯の宿　琢　琇

■所在地：宮城県大崎市鳴子温泉字星沼 20−9
■連絡先：0229−87−2216
■創業年：平成 3 年
■客室数：17 室
■http://www.takuhide.co.jp

生命保険会社で学んだこと

どうも皆様こんにちは。貴重な皆様のお時間ちょうだいしまして、いろいろお話させていただける機会を本当にありがたいと思います。どうぞよろしくお願いします。

中山平に宿を開いてから、ちょうど今年で20年になりました。20年になったんです。先ほどの紹介のなかにもありましたように、私は住友生命という保険会社で23のときから働いていたんです。最初は事務員で3年ぐらいやっていましたけれども、その後でお給料の高い営業の方に移ったんです。そして一生懸命、生命保険のセールスをやったんです。いろんな会社に行ったり、それから官公庁、裁判所にも行きます。いろんなところに行って、保険はいかがですかという売り込みをやったんです。

自分でやっているときはよかったんですけれども、なぜか会社からリーダーにさせられたんですね。それと同時に独立して、自分で社員さんを増やしていきなさいと。だから、ちょっと感じがよくて意欲的な人を見ると、「私と一緒に働きませんか」という声かけをして、どんどん会社に連れて行ったんです。そして、もちろん正社員で入社できます。

営業というのはおもしろいもので、固定給はあるんですよね。そしてそこに歩合という数字が乗っかってきます。だから、普通のＯＬでは考えられないような給与ももらえるし、とても営業成績が悪いと会社にいられなくなるんですね。２カ月間営業成績がないと、首になってしまうんです。

非常にそういう厳しい世界で、とにかく数を入れるということを一生懸命やっているときに組織長というのになって、ちょうど銀行でいうと支店長、支部長という名前で会社からお店をもらえるんです。従業員が20名いれば20名の給料が本社から来るという、そういう普通とはちょっと違う形式の組織のなかで、32年働いてしまったんです。おかげさまで、その間に接客業、あるいは話の仕方、そういうものは自然に身についたんですね。だから私の宿では、やはりあいさつというのは非常に大事にします。「親切丁寧笑顔」というモットーのほかに、「あいさつ」。

あいさつというのは、あいさつをすることによって人の気持ちに縄をかけるというか、こっち側にずっと引っ張ってくる。そういう力をかけるということがあるから、初対面のあいさつが一番大事なんですね。これから学生の皆様は就職なさると思うんですけれども、背中ぴんとして45度のおじぎ。そしてそこで1、2、3、呼吸を殺すようにして「間」を置くんです。「間」、これが大事なんですね。それから静かに上げる。私が支部長をしていたお店では、これを何度も何度も従業員さんに練習させました。従業員さんが出入りするそこには大きな鏡を張って、自分の顔と姿におじぎして出ていき、おじぎして入ってくる。やはり徹底的に教え込むんですね。そうするとどこ行っても、ドアを開けたとたんに「ごめんくださ い」と、ぴしっとおじぎができるようになる。そういう社員に育っていくんですよ。

そういうことをずっと32年間やったものですから、すっかりそれが体の一部になりました。支部長をやっていましたから、そこに縁があって入ってきた、学生の皆さんよりも若くてぴちぴちした人たちに教え込んでいって、そして会社契約を主に回らせたんです。建築会社が好きでね、鹿島建設、大成建設とかね、それから戸田建設とかそういうところ。そうすると、トンネルなんか掘っていると、そこまで3人も4人も車に乗せて突っ走っていって、そして募集をかけたりとかいろんなことをやりました。そういうふうに、おかげさまでその道で生きてきたんです。

温泉宿の開業まで

温泉との関わりですが、私が赤ん坊の時に、髪の毛がほとんどなくなるほど湿疹がわーっと出たんです。古川というところにおりまして、今でいうアトピーだったと思うんですけれども、これが治らなかったんですって。それで、年をとった私のおばあちゃんが「鳴子のお湯っ子さ入れたら治るんでねべか」と、こういうことになったわけです。

そして、当時ですからリヤカーに私を積んで、ストーブ積んで、米積んで、なべかま積んで、「湯治」――「お湯で治す」と書くんですけれども――ということで安く泊まって治すために行ったんですね。鳴子に泊まったら、鳴子はあう人にはあうんですけれども、硫黄が強いんですね。硫黄が強いために、赤ん坊のこのやわらかい肌では刺激が強かったんでしょうね。さらにぶくぶくでき物ができて、とうとう髪の毛が全部落っこっちゃったんですって。そこの鳴子の旅館のおかみさんが、「中山平のお湯の方がアルカリだからやわらかくていいんでないか」とこういうふうに言ったので、中山平に行ったんです。そうしたら、そこ

うなぎ湯

で治ってしまったんですよ。かさぶたがぽろぽろはがれ落ちて、きれいな皮膚が出てきて。それで、私は小さい時から「あんたの頭は鳴子の奥の山ひとつ越えた中山平というところのおふろで治ったんだよ」と聞かされてきたわけです。

中山平には、ずっと大きくなって高校に入って、そして就職して、自分でも余裕が出たときに訪ねていったんです。そうしたら私の肌が治った旅館のおふろ、これは「うなぎ湯」というんですけれども、旅館は3軒ぐらいしかないんですね。鳴子も含めて3軒しかないんです。人間というのはおもしろいものですね。赤ん坊の時の記憶がどこかに残っているんですね。そのおふろに入った時に、私のこの頭じゅう体じゅうにできた吹き出物を治したのは、このお湯だなと実感しましたね。私のおばあちゃんもひいおばあちゃんも、もう亡くなってしまいましたから、どこだと地図に書いて教えてもらうわけにいきませんのでね。私のこの感覚で、「ここだな」と。それで私は、そこの土地と温泉を買ったんです。

鳴子の名湯伝説

中山平にはこんなエピソードが伝わっています。昔々、黒森山の主であった大蛇と耳突山の主であった大ムカデが、七日七夜の壮絶な戦いを繰り広げました。傷ついた大蛇が、大森山のほとりに身を横たえて気絶してしまいました。そして、しばらくたって目が覚めたら、あれほどの傷がすっかり治っていたのでした。一方、山の方に逃げた大ムカデ、山の大ムカデはそのまま息絶えて死んでしまいましたという物語があるんです。その川水こそ、中山平の温泉水だったんです。中山平の温泉水は、昔から傷によく効く、手術の跡によく効く、アトピー、にきびによく効くということで、ずっと400年の歴史があるんです。それでずっとこの物語と一緒に伝わってきたわけです。

一方、鳴子そのものは1200年の歴史があるんです。東北をずっと中尊寺まで逃避行、逃げて逃れていった源義経様が通ったのが鳴子だったんです。正室はお兄さんの頼朝におさえられてしまったから、側室の方を連れて逃避行したわけです。それで鳴子を通って中山平に抜けるその途中で、山があるんですね。その山越えのところで赤ん坊が生まれたんです。ところが赤ちゃんを産んだけれども泣かなかった。泣かないから産湯に、鳴子のお湯につけた。そうしたらそこで初めてオギャーオギャーと泣いた。それで啼く子、鳴子という名前がついたんですね。そういうことで、義経伝説は鳴子にありということなんですね。

鳴子中山平の温泉は非常に種類が豊富で、全国に源泉が11種類あるんですが、そのなかの何と9種類が鳴子、中山平、鬼首まで含めた鳴子温泉郷にあるんですね。9種類までが鳴子温泉郷にあるものですから、温泉番付というもので横綱になってしまったんです。東の横綱が鳴子温泉郷、西の横綱が湯布院をはじめ別府温泉郷というところなんですね。だから、鳴子の温泉郷は何たってナンバー1なんですよ。非常に多くのお客様に来ていただける名湯の地なんですね。

それから、鳴子には松尾芭蕉さんが通ったというエピソードもあります。松尾芭蕉さんがずっと歩いていったときに、途中で見とがめられて怪しまれて、「この路旅人とまれなる所なれば、関守に怪しめられて、やうやうとして関をこす」というふうなことを奥の細道で書いているんです。非常に山のなかで、めったに人も通らない。だから隠密と間違えられてしまったんです。そうして怖いものだから、走るようにしてその関を越えていったと。それが有名な尿前の関になったわけです。そして、やっとたどり着いた封人の家というところで、トントンと戸をたたいて「一晩泊めてください」とお願いして、そこのおうちの人が「馬と一緒でよければ寝てもいいよ」と言って泊めたんですね。そのときに有名な句が生まれたんです。芭蕉さん、何て詠んだと思います？　「蚤虱　馬の尿する　枕もと」　これは松尾芭蕉の有名な、鳴子を通ったときの俳句なんですね。ノミもシラミもいて、かゆいかゆい。おまけに馬がジャージャーとおしっこをする。とても寝られたものではなかったと。でもありがたかったという感謝の意味を込めて詠んだと聞いております。

そういうふうにいろんな歴史がある鳴子でございますが、一番の特徴は何といっても温泉

露天風呂

なんです。これは今、非常に大きな旅館さんになるとどうしても間に合わないから循環といってね、お湯を回して使っているところもございます。でも、小さな旅館さんとか鬼首さんの方の旅館さん、ほとんど純粋なかけ流し。おかげさまで琢琇も9本の源泉を持っていますので、完全にかけ流しで、そして名湯うなぎ湯といって、とろりとした肌触りは本当にお客様、全国から来るお客様に喜ばれています。

杖をついたある方は5泊したんですけれども、杖をつかないで歩けるようになってしまったんですよ。それほど美的効果があるんですね。だから皆様にも入ってもらわなければ、うなぎ湯のよさはわかりません。どうぞ、にきびが出た人も誘ってください。一発で治ります。せっかく宮城県にあって、全国から名湯の郷と言われるそういうところですので、ぜひ一度ご体験ください。

鳴子の旅館の今後

先ほどもお話したように、鳴子は１２００年の歴史があるといいますけれども、栄えてきたのはごく最近、昭和の初めぐらいから栄えてきたわけですね。それでもやはり１００年近くなると思うんですけどね。そういうなかで、非常に洪水が多かったわけです。この洪水というのは、土砂災害ではないけれども、たくさん雨が降って洪水が起きて全部流されるんですね。私も古川というところに住んでいましたから、子供の時に自分の家にもう背が届かないくらい水が来たことをちゃんと覚えているんですね。

そんなことがあったから、鳴子に大きなダムをつくったんです。全部集落をつぶして山を囲ってね。それが鳴子ダム。鳴子ダムをつくったときに、建設業者さんがいっぱい入ってきて、非常に鳴子は潤ったんですね。それから歓楽街として、今のまちの真んなかの鳴子温泉は栄えていったんです。

歓楽街には、ぴんぴんと三味線を引く芸妓さん、それからそれに合わせて踊る舞妓さんたちがいました。そうやって栄えてきました。昔のまんまの湯治というやり方でそのまま残ったのが中山平、東鳴子、川渡、そして鬼首、そういうところは歓楽街にはなり得なかったんです。けど、やっぱり温泉の基本は、家族とか、それから友だち同士、そして恋人、そういう人たちが明日の鋭気を養うためにやって来て、おふろに入って、それからおいしい地の物を食べて、そして明日からまた頑張ろうと思えるような場所。どこに行っても、いつの時代

和のたたずまいの平屋宿

にも必要なものだと思います。

　けれどもこれから日本旅館は廃れていくんじゃないかと、非常にまちの人たちも心配しているわけですよ。温泉旅館をやっていけないんじゃないかと。最近の温泉旅館というのは、規模が小さいんですね。せいぜい2階ぐらい。若い人たちはちょっと違うと思いますが、年配の人は高いところを嫌うんですね。5階、6階、7階、そのような部屋に通されると、もしも何かあったらどうやって逃げようと考えるみたいです。うちのような旅館に来るお客さんは、本当にそういうことを心配しますね。当館は奥まで平屋になっていて、うなぎの寝床みたいに分かれて部屋があるんですけれども、本当に平屋だけなんですかって。もしも万が一そういうことがあったら、一番安全な方法は外に逃げることです、窓から外に逃げてくださいという避難案内をするぐらいなんです。

　私はやはり何百年も続いた日本旅館という伝統が、一朝一夕に無くなるとはとても思えないんです。やっぱり旅のよさ、旅館のよさ、温泉地のよさ、これらは絶対に廃れません。現に、お客さんは、やはり命の洗濯、そういう言い方をしますね。だから、表現の仕方、それから応対の仕方が変わっていっても、温泉が出ている限り、鳴子温泉が廃れたりつぶれたりしていくということはまずない、私はそう信じております。

それから、最近特に多いのは、海外からのお客様なんです。海外からのお客様がホテルに行くかというと決してそうではない。日本文化を味わいたいと。大概、温泉地のホテルも都市のホテルもそうですけれども、世界じゅうどこに行っても同じ様式になってしまうんですね。だから、畳の上に布団を敷いて寝る。それから、こういう丸い火鉢に炭を起こして手あぶりをする。もちろん普通の暖房も入っていますけれどもね、わざとそういうものを置くわけですよ。そういうものを外国の人は非常に新鮮な目で見るんですね。だから、いろんな旅館さんで逆に物置きから古い火鉢を引っ張り出してきたり、それから木の火鉢とかもうちにはあるんですけれどもね、そういうものを出して玄関前でわざと炭を起こしてお客様に見せたりする。日本人でも非常に感動しますね。今、都会の方に住んでいる人たちは、火鉢を知らないんですよ。昔のうちにはどこでもあったと思うんだけれども、いろんなことが珍しい時代で、そしてその珍しさが売りになるんですね。

私も、韓国にちょっと旅行したことがあるんですけれども、すごくホテルはきれいなんですよ。でも田舎の方に行くとやはり古い家財道具があったり、古い髪のかざしみたいなものがあったり、そういうものがとっても珍しいと思いましたもんね。今、テレビでも韓国のドラマの人気が出てきて、夜いろいろと放映されていますよね。「イ・サン」という番組がありますよね。その番組でも、女の人がきれいに飾って出てきますね。そういう髪飾りも、今風の細工をするものから、昔ながらの細工のもの、いろいろと売っているんですよ。だからやはり伝統的なものは廃れないいんだなと。その国らしさ、その国の伝統芸能あるいは伝統芸術、そういったものを私たちはこれから逆に大事にしていかなくてはならない。どこに行っても同じ宿で同じつくりで同じ食事でやっていってしまうと、それぞれのお宿の個性がなくなっていく。そのことを私は心配しております。

湯治と自然の力

私がこんなにきれいな肌になったのは、私の愛する温泉のおかげでございますので、鳴子の温泉を本当に私は大事にしていきたいんですよ。大事にしていきたいと同時にもっと広めていきたいと。私どものうなぎ湯のこともそうですが、ほかの旅館のおふろのこともやっぱり宣伝していきたい。そして、日本じゅうからあるいは世界じゅうから、こういうおふろがあることで来てもらいたい。

中国には温泉ないですからね。それから韓国にも温泉はないんですよね。無理に強制的に出しているところは若干あるらしいんですけれども、日本のしかも鳴子みたいに自噴するお湯というのはないそうですね。自噴というのは50メートル、60メートルぐらい飛び出すんです。お湯が「だーっ」と。物すごくエネルギーがあって力があるから、いろんなことを治す力もあるんじゃないかなと私は思っています。無理に動力でくみ上げたお湯とは全然違うんですね。これは別に学説でもなく、何の根拠もないんですけれども、「痴呆になったら鳴子の風呂に入れろ」っていう伝えがあるくらいなんです。老人で痴呆になったら、鳴子の温泉に入れると治癒するというんですね。どういう効果があるのかわからないけれども、要はいろんなところを刺激するのではないでしょうか。もともと中山平とか鬼首とかは、湯治旅館がほとんどなんです。「湯治」っていうのは、「お湯で治す」と書くんです。

昔は病院になんか行かないんです。農作業をいっぱいして、そして腰を痛める、背中を痛める、手足を痛める。昔は湯治がほとんどだったんです。今の医学というのは、やっぱり手術をしたりあるいはいろんな薬を使ったり、それはそれでいいことだと思いますけれども、自然の力で治すということも大事かもしれません。お湯に入って治すもよし、それから森林浴して治すもよし、それから散策して足を鍛えるのもよし。現代人が抱えているいろんな病気は、やはり自然に治すものと並行していかないといけないかと思うんです。

実は、私ちょうど6年目に入りましたけれども、癌を発病したんです。そして仙台の病院で手術しました。腸を29センチばっさりと切ったんです。これは標本にしてもいいくらい見事な癌だと言われましてね。その後、放射線治療、それから抗がん剤治療、全部スケジュールを出されたんですね。だけど私は全部断ったんです。何でって言うから、「いや先生、私は旅館のおかみだから、頭丸坊主、あれは困るんだ」と。毛が抜けますからね。丸坊主にはなりたくないと。だから抗がん剤は嫌。では放射線はどうだと言われて、放射線も嫌。「そんな嫌だっていったって保証しませんよ」と言われました。「治りませんよ」と言うからね、

「では先生、抗がん剤と放射線治療を受けたら完全に治るんですか」と言ったら、先生が口ごもりました。「それは個人差もあります」と言われました。だから、完全に治る保証がなければ、私、もうそのとき62か63ぐらいだったんでね、「だからもういいです。うちの母は50代で死んだからいいです」と言ったんですね。結局は何もしなかったの。私も断ったものの怖いから、いろいろ聞き回ったんです。そうしたらやっぱり何ていうのかしら、抗がん剤というのは癌細胞も殺すけれども自分の最初から持っている悪いものをやっつける免疫も壊れちゃうという方もおられました。だから、戦う力がどんどんなくなってくると。だから癌を持ちながら、私はもうこのリンパ腺のなかに癌が入っていますからね、いつ再発してもおかしくないと言われているんですけれども、先生が言ったんですよね。「あんたの年で今から癌になったら、10年かからないと癌が物にならない。育っていくものにならない。だからまあ10年生きればいいだろうな、佐々木さん」って言われてね。十分でございます。それで一生懸命自分に暗示をかけて、私は元気だと。朝起きると「私は元気だ。私は癌を克服した」と自分に言い聞かせるんです。だから、いまこうやって元気でいるんですけれども。

人生の設計図

住友生命に勤めていた時に、大阪の本社で、ＡＩＡ（Adventures in Attitudes 心の冒険と呼ばれる企業研修のひとつ）という考え方を1カ月間、缶詰になって勉強させていただいたんです。そのときにいろんな例を見せてもらったり、聞かせてもらったりしたんです。そのときに、私含め皆さんもひとりひとりそうですけれども、自分のこれからの一生なんてわかりませんよね。でも、自分の一生は、自分で頭で考えたとおりになっていくんです。いろんな例を聞かされて、そういう勉強を毎日させられたんです。確かに家を建てるのに設計図も書かないで建てる人いませんね。設計図というのは自分の計画なんですよ。それを地道に立てていくから、自分が考えたとおりの家ができるんです。それと一緒だというんです。私はその勉強をしてから、常にこうありたいと思うことを自分に一生懸命インプットするんです。この病気のこともそう、それから旅館をつくるときもそう、植物園を買ったときもそう。

鳴子に東北電力の部課長クラスの寮があったんです。結構立派な寮。そこを買わないかと言われたときも、よしこれは息子にやらせようと思って計画を立てて買ったんです。だから、そのうちを建てるときの設計図と同じということで、自分がどうなりたいか、どうありたいか、そういうものを考えて考えて、そして自分の手で紙に書いて張っておくんだそうです。トイレか天井か、自分の見えるところに張っておく。そうすると、それに向かって、潜在能力が動き出すという話をずっと研修で受けたんです。

最初、私もばかにしました。そんな、人間考えたとおりにうまくいくんだったら、何の心配もないだろうと。考えたとおりに自分の人生が推移するんだったら、こんないいことないですものね。

ところが、ずっと今までこうやって、住友生命をやめて、琢琇始めて、本当にあるときは考えることもありましたよ。常に考えていたわけではないですけれども、ここぞというとき、ここ一番というときはね、やっぱりどうやったらいいかな、どうやったらいいかなと考えて、それを極力持続するように紙に書いたりノートに書いたりして、しょっちゅう自分の目に訴えるんです。不思議なことに、そういうふうに回り出すんでね。本当にこれは何もオカルトの世界でも何でもないです。

うちの住友生命が、本当に世界的なそういうＡＩＡをやるためにアメリカから講師を呼んで、私たち全国から支部長とかあるいは将来幹部になるなと思う社員を呼んで教育していったんです。もう夜も9時ぐらいまでね。「眠いと思うから眠いんだよ」と言われてね。何日も眠らないわけにはいかないけれども、その間に4時間ぐらい寝て、「ぴっ」となる方法が自分の体のなかでそういうふうに目覚めてくるんですね。

いろんな例がありました。さっきちょっとお話したんですけれどもね。ちょうど仙台支社に有名な国立大学を出た非常に優秀な人がいたんです。その人の年は38歳。38歳なのになぜか何かあると、「おれのおやじは40で心筋梗塞で亡くなった、だから僕も40で死ぬだろう」そう予言するんです。38歳になったときに会社の人事課に「あと私には2年しか時間がありません、やめさせてください」と申し出たんです。だれが引きとめても、がんとして言うことを聞かなかったそうです。38でやめて、2人の子供さんがいたんですけれども、その子供たちとそれこそ2年間充実した日々を過ごして、40歳になった朝、彼は自分の寝床のなかで心筋梗塞で亡くなったんです。朝、奥さんが起こしにいったら亡くなっていたと。会社に電話が来ましたね。もう本当に血が引く思いでしたね。

言葉の大切さ

だから、良いことにつけ、不幸なことにして、自分でしょっちゅうそれを言っていると、それが必ず現実化するということなんです。だからどうせ言うのであれば、どうせ思い描くのであれば、皆様の将来にやっぱり明るいこと、前向きなこと、プラス面をどんどん言って聞かせてください。一銭もお金はかかりません。本当に一銭もかかりません。

私は52でこの仕事を始めて20年たっているから、いくつになると思います？ 72歳なんですよ。今度誕生日来て、73になるんですよ。私が毎朝やっていることは、鏡を見て、「ああ何て私ってチャーミングなんでしょう。お肌もきれいだし、生き生きしているわ」と毎朝言うんですよ。寝るときも、「おやすみなさい。明日の朝また元気でね」と言うんです。これを毎日繰り返しているんです。そうすると、たいしたお化粧品、高い物なんかつけませんけれども、いつも言われるの、「おかみさんはお肌が輝いていてきれいですね」って。これは言って聞かせたことは、自分に聞こえるんです。自分の頭のなかの潜在能力に聞こえていって、老化をさせない物質が脳下垂体から出てくるんです。だから元気だし、お肌も輝いてくるんです。

だから、まあちょっと話が横道に反れましたけれどもね、私がやっぱりここまで来たその原動力は、住友生命で勉強させてもらったＡＩＡのおかげだなと思うの。人間の一生は考えたとおりに実行されるという、これなんです。だから就職試験だって、入学試験だって、もしかして落ちるかなと思うと落っこっちゃうという話をよく聞きますね。

吐いた言葉は拾えないというけれども、だから皆さん、子どもさんをこれから育てるときも、やっぱり前向きのいい言葉、いいイメージのわく言葉を言ってあげてください。それから親にも、心にもなくても「お母さん大事にするからね」そう言ってもらったらうれしいと思うのね。うちの息子たちもあまり言わないけれども、たまに言いますね。「大丈夫だ、おふくろの面倒はおれが見るから」と。その言葉聞いただけで、本当に何ていうかこの気持ちの安らぎというのは大きいですよ。だから、私もずっといっぱい失敗してきたんです。

うちのだんなさまは早々と亡くなりました、49歳で。まさか亡くなるとは思わないから、たったの3000万しか保険かけていなかった。当時としては大きい方なんですけれどもね。その3000万が琢琇をつくる、それこそ土台石になったわけですけれども、今思うと後悔のすることばっかりでしたね。もうちょっといいことを言ってあげればね、もうちょっと長生きしたんじゃないかなとかね。愛しているよとも言わなかったし。うんと後悔して。だから後から後悔するんだったら、やっぱりいい言葉を言わなくてはいけないとか、いい発想をしなきゃいけないとか、若いときに聞いてそれをしっかり頭にたたき込む。夫婦仲が悪くなったり、よくなったりするのも全部言葉ですよ。言葉、ね。お父さんご苦労さま、1本つけましょうかとかね。たまには、愛しているから長生きしてねと言えば、お父さんスキップしながら働くのにさ。一時は、けちょんけちょんにけなすことばかりしてた。何も協力しないんだから、私ばっかり忙しいのに。顔を見るたびに文句ばっかり言っていた。でも、その後は改めた。効果が出る間もなく亡くなってしまいましたけれどもね。

謝罪と感謝の大切さ

だからどうぞ皆さんね、私の話から何か得るのであれば、そういうことを大事に思って、だんなさま、彼氏とけんかしたときも、職場でけんかしたときも、すぐ謝ることなんです。「ごめんなさい」と。職場のなかでこの2つさえちゃんと覚えていたら、どんな世界でもわたっていける。謝ることとお礼を言うこと。「ありがとうございます」「教えていただいてありがとうございます」と。怒られたときも、注意されたときもありがとうございます。間違ったらね、ちゃんと謝る。土下座してでも謝る。私どもの旅館なんか、歴史ある旅館じゃないから、お客様からクレームの連続だったんですよ。もう畳に額を擦りつけて、謝って謝って。次の日も朝早くから、「コーヒーをお持ちしましたから」とかね。とにかく一生懸命やると、全部それを水に流して、また来てくださる。

だから皆さん、就職したらこの謝罪と感謝の2つを絶対忘れないように。まず謝罪の気持ち。謝罪の気持ちといったって、そう簡単に出てこない。ごめんなさい、済みませんでした、申しわけありませんでした。これを、おうどんのようにツルツルっと出せるように。日ごろ練習しておかないと、ツルツルは出ませんからね。ドバドバとなってしまってね。そして皆さんね、顔だけで謝ってもだめと言うんですよ、うちの従業員にも。言葉だけで謝ってもだめ。体全体で謝りなさい。

土下座っていうのは、正直勇気がいりますよ。自尊心がずたずたになるから。皆さん土下座できる？　できないでしょう。私、住友生命にいたときに、うちの従業員が大失敗してお客さんにひどく怒られたの。その社員が「支部長行ってください、一緒に謝ってください」って言うの。「わかった」と言って、車で飛んで行って、雨がドシャドシャと降るなか傘をさして、これじゃだめだなと思ったから傘置いて、そして雨のなかで地面にひざまづいて、「申しわけございません。うちの社員の過ちは私に責任があります。お許しください」そばでうちの社員が泣いて、「支部長そこまでしないでください、お願いですから立ってください」と言いました。でも、お客様が許すと言わない限り立ちませんでしたね。そうしたらそのお客さんが、「支部長もういいよ。あんたの気持ちもわかったし、この子の気持ちもわかったから。会社への出入りは今までどおりで構わないよ」そう言ってくれたんです。

人間だれでも失敗もあるし、間違いもあるしで、完全無欠な人はいないんです。いっぱい、いっぱい失敗を乗り越えて、そして立派な人になっていくんだと思います。そのときは、なりふり構わず、やはりその方に対して最大の敬意を払う。そして、できる限り謝る。そういうことだと思うんですよ。

今まで、鳴子も大きい旅館が3件もつぶれました。それから塩竈、松島でも旅館が倒産しております。そういうなかで、私のような未熟者で旅館経営の経験のない者が、こうやってきた。現在も35名の従業員を抱えて、月に８００万も給料を払ってやっていますけれども、それはひとえに、精いっぱいやるということと、従業員、社員がやはり私の言っていることを「やっぱりそうだな」と、「そのとおりだな」と感じてくれること。ちゃんとした会社でありませんから、こういう場合こうしなさいという、そういうものは何もありません。いつも社員に言っていることは、「あなたがお客さんだったらどうする。お客さんの立場だったらどう思う。お客さんになったときに、こういうことは嫌だなと思ったことはしなければいい。いつも自分を逆の立場に置きなさい」って話してきました。

うちは、いろんなマニュアルはありません。よく住友生命の支社長さんがよく言っておられましたが、床屋さんに行くと、「どのような頭にしますか」と聞かれる。1回、2回はいいだろう。10回も20回も行っているのに判で押したように、どのような髪型にしますかと聞くなんて、それはないだろう。せめて名前を呼んで、「いつもの髪型になさいますか」それが個別の対応の仕方でしょ。だからマニュアルを教え込ませてはダメだというんです。頭が悪くなるから。マニュアルでは、こういうふうに言われたら、こう言いなさいと書いてある。例えば「コーヒーお持ちしましょうか、それともジュースがよろしいでしょうか」この前に来たとき、コーヒーは嫌いで飲まないと言ったことを覚えなくなる。「コーヒーは確かお嫌いでしたね、別の物をお持ちしましょうか」と言えば、「ああ何回も通ったかいがあるな」と思っていただけるわけですよ。だから、マニュアル化されてしまうと、自分が生かせなくなります。どんなに高度な技術が進んだ会社でも、最終的には人と人。お客様はよく教えてくれます、「こういうふうにした方がいいぞ」と。そうしたら、「ありがとうございます、本当にありがとうございます、勉強になりました」と言う。一番簡単なこの2つ、感謝と謝罪、これを覚えなければ、なんぼ難しいことを覚えてもだめだと私は思っているんです。

だから毎朝ミーティングした後で、親切、丁寧、笑顔で今日も1日頑張りましょうと言うんです。大きな声で。それが頭のどこかに残っているんですね。お客様に会ったときににこっとしなさい。にこっとできなかったら歯を見せなさい。そうしたら少しずつできるようになるんですね。頭のどこかに入っていないと、親切にできないんですよ。親切というのは、やはり自分がお客さんだったらこういうふうにしてほしいなと考えるのが親切だと思うんですよ。階段を上がる時ちょっと手を添えてやる、お荷物をお持ちする、たったこれだけ。だけど、できる社員とできない社員がいるんですよ。年は関係ないんです。その人の物を感じる心、感性だと思います。

おかみの夢

私の夢も話してくださいということなのですけれども、今、旅館の隣に植物園があるんです。隣のだんなさんに時々植物園の話を聞かされていて、そのうち買ってくださいと言われていました。その後だんなさんが亡くなって、それで買ったんです。けどね、正直言ってかなり荒れているんですよ。これを何とか生かしたいというのが私の夢なんです。もう60年近く続いているんです。温泉熱を利用して暖房を回して、パパイヤだと2000個ぐらいなるんです。宮崎産のパパイヤ、最近よく話題になっていますね。ああいうふうになるんですよ。だけど作り方が悪いから、今はまだ小さいものなんですけれどもね。それをもっとたくさん実らして、来た人に1個ずつ上げられるようにしたいと思うんです。だから今いろんな方法を考えています。

バナナぐらいはどういう木になるのかわかっていても、パパイヤまではやっぱり東北の人はわからない。コーヒーの豆がどうやってできるのかとか、いろいろ見たこともない植物がそこにあるんです。今やっぱり自然に触れ合う機会の少ない子供たちに、それらを見せてやりたい。そして、ああこうやってバナナがなるんだ、こうやってパパイヤがなるんだとわかっただけでも、図鑑で見るのとは違う感動を覚えると思うんです。それからブルーベリー園も考えていて、今ブルーベリーを100本植えています。ブルーベリーというのは無農薬で育てられます。無農薬だから、子供がその場で食べてもいいんです。ちょっと酸っぱいけれどもね。それから肥料が要らないんです。だからそれを皆さんにつんで食べてもらう計画を立てております。植物園に子供たちをいっぱい呼んで、無料の奉仕でいいと思っているんです。ブルーベリーって、伸び過ぎた枝をちょんと切って土に入れておくとまた根がつくんですよ。いくらでも増やせるの。びっくりしました。だから元手をかけないで100個が200個になるわけですよ。

旅館と植物園が一体となって、遠くから来た人、近くから来た人に喜んでもらう。これを私の次の夢にしていこうと思っているんです。一生懸命これを頭のなかで描いています。人間やはり夢を持たないとだめだと思うんです。その夢が小さくなくて、ある程度スケールの大きい夢を見るから、スケールの大きい人間になれるのではないかなと思うんです。スケールが大きければいろんな苦労がありますけど。

私も20年やってきたって威張ってますけどね、最初は本当に、来月越せるか、本当にこれ給料払えるかと、そればっかり考えていました。夢のなかで給料払っているんですよ。ところが最初のころは、本当にお給料払えなかったんですよ。あと3日待ってねとか、1週間待ってねとか、延ばしましたね。全額払えないので、今日は15万だけとか、10万だけ、あと3日後にまた払うとか。でもよくぞうちの従業員、私についてきてくれました。そういう状況でよく20年ついてきてくれたなと。うちがそれほど魅力的なのか、なんて思ったりしてますけれど。どうぞ本日お渡しした入浴券を持って、そしてお風呂に入りにいらしてくださいい。そして、うなぎ湯を体験してください。これが、あのおかみが口から泡を飛ばして言っていた傷も治るお湯かと。黒森山の主であった大蛇もあれほどの大傷がみんな治ったと伝説になるくらいのお湯を実感していただけると思うんですよね。

（講義日　２０１０年11月17日／編集担当　松岡孝介・村山貴俊）

第9章

600年の歴史を活かす エコ・ラグジュアリーな宿

一條 千賀子

旅館情報

時音の宿　湯主一條

■所在地：宮城県白石市福岡蔵本字鎌先1−48
■連絡先：0224−26−2151
■創業年：永禄3（1560）年
■客室数：24室
■http://www.ichijoh.co.jp

旅籠文化と一流ホテルの融合

ごあいさつ

私は、青森の出身でございます。皆さんのなかで青森出身の方はいらっしゃいますか？　ああ、おひとりいらっしゃいますね。ありがとうございます。私は青森の浅虫温泉という所の近くで生まれ育ちました。そして学生の時に東京の方に行きまして、それからずっと東京におりまして、社会人となってからはホテルでお仕事をさせていただいておりました。それは今はもうなくなりました赤坂プリンスホテルです。今は赤坂グランドプリンスホテルというんでしょうか。ちょうど今から工事すると言われているホテルです。そこでお仕事をさせていただいている時に、今の湯主一條の20代目の社長と出会いまして、結婚して宮城県に戻り、一條の旅館経営を20代目と一緒に継いでおります。

ですから私どもの社長（ご主人）も私ももともとはホテルマンなんです。ですから旅館というよりはホテルという感覚の方がどちらかと言うとしっくりします。それで私どもの旅館は外見は旅館ですが、中身はホテルということで普通の旅館とはちょっとスタイルも変わっております。

湯主一條の由緒

そこでまず私どもの湯主一條の紹介をさせていただきたいと思います。ここに古い写真がございますが、私どもの鎌先《かまさき》温泉は白石市にありまして蔵王の麓にございます。創業というか開湯は1428年（正長元年）のことで約600年の歴史がございます。実際には約570何年になりますが、約600年というふうに申しております。

もともとの温泉の発見は、村人が山のなかで鎌の先で草刈りをしていて、たまたま温泉が湧き出してきたことから鎌先温泉と名づけられたと言われております。その温泉発見の時の鎌が私ども湯主一條の家宝となっております。その鎌は一昨年、宮城県のお宝として保険をかけられて、初めて大阪に出張してまいりました。そういう大変貴重なものでございます。

私ども一條では先ほどから20代と申しておりますが、一條家のご先祖様は京都のお公家の出でございました。ご先祖様はかなり学問ができたようで、今川義元公のところに食客として仕えていました。いわゆる居候のようなものですね。今川家では学問の知識が欲しかったようです。そして桶狭間の戦いがありまして、その時に今川義元公が敗れて、うちのご先祖は弓矢や刀を持ってそこから宮城県まで来たわけですが、その時に受けた傷をこの温泉で癒したというんです。鎌先温泉は昔から傷に効くと言われておりまして、そのお湯に感動したのでしょうか、弓矢や刀は全部捨てて旅館営業を始めました。

その当時、ここは本当に山のなかで、本当の露天風呂だけで何もない所だったんですね。そこに湯母屋を建てて道路を造り、そうして初代の湯主一條の旅館営業が始まりました。そこから代々直系でずっと長男が継いできたという古い珍しい所でございます。秋保の佐勘さんですと、たしか34代目でしたでしょうか。私どもは20代目です。

そして古い巻物が蔵のなかにたくさんございます。それらは江戸時代後期のものが大変多いのですが、その巻物のなかには家系図もございます。長男の名前しか書かれていない変わった家系図なんですが、13代孫まで書かれておりまして、きちんとした証拠が残っていることでは、全国でもかなり珍しい直系の長男が継いでいる家でございます。

そして私も2人子供がおりまして、上が小学5年生の女の子、下が小学2年生の男の子ですが、私どもは長男でなければ跡を継げないならわしの家ですので、下の男の子が21代目になります。このことは私の家ばかりでなく地元の鎌先温泉、白石の方々も皆さんそういう頭でいらっしゃいまして、今でも女性がこの家を継ぐことにはみな反対ということでございます。

実は私どもの20代目の社長も姉が3人おりまして、4番目でやっと生まれた男の子でした。そして20代目が生まれた時は、温泉街がお祭りになったということです。今ではちょっと考えられないような昔話のような所が現在でもあるんです。

それで、それこそ昔は長男と次男とはかなり格差がありまして、父親の19代目が子供の時は、長男は上段で尾頭つきのお膳で食事をいただいて、次男は下段で尻尾のところをいただくという、そういう長男と次男の相当の差のなかで19代目は育ちました。ですから今ではとても考えられないような、大正時代がまだ残っているような所が私どもの所ということでございます。

経営の継承・おかみとなる

それで私どもは今から約7年前の2003年6月に世代交代をいたしまして、私が20代目のおかみになりました。一言でおかみと言っても、旅館のおかみ、料亭のおかみといろんなおかみがありますけれども、簡単にいうと女主人、女性経営者と言われています。

女性経営者の会なんていうのもありまして、そういうものにも入っております。そういう女性経営者の会なんかに入りますと、皆さん60歳とか70歳とか中高年の方たちが多いんですね。そのなかで私は若いので相当目立っておりまして、話にもついていけません。白石は仙南地方なので、仙南地区女性経営者の会というのがございます。

一般的におかみというのは皆さんイメージがあると思うんですが、だいたいおかみのイメージというのはご年配で着物を着ていて貫禄があってちょっと威張っているという感じではないでしょうか。そうではないですか。若い方はどうでしょう。あまりそういうイメージはないですか。それなら若い方はちゃんとわかっていただけているんですが、特に年配の方になりますと、みんなそういう固定的なイメージがありますので、私などが接客していてもだれもおかみだと気づいてくれないということもありました。やはり30代でおかみになりましたので、皆さん「私がおかみです」というとびっくりされます。それで「えっ、ずいぶん若いね」と言われました。

それで私たちが7年前に旅館の経営を引き継いだ時は、うちの旅館は経営危機に瀕しておりました。現在、日本では約1万軒の旅館がなくなっているといいます。それにひきかえホテルの軒数は増えていて、テレビのニュースとかで皆さんもおわかりだと思いますが、旅館の現状というのはかなり厳しい状況になっております。宮城県でもそうです。お隣の福島県のとある温泉街に行くと、ガラスも割れてすごい状態の廃墟になってしまった旅館の建物がいくつもあります。以前に行った群馬県の温泉街でも、私たちが泊まったお部屋の窓から見えるお隣の旅館のビルが営業していないのが明らかにわかりました。その隣もそうでした。そういう所に泊まった時、お客様の心境というのはもう暗くなりますよね。そんな旅館の現状があります。日本の旅館全体がそんな感じです。

湯主一條の現状

そうしたなかで私ども湯主一條の現状はどうかといいますと、2009年度の売上げは世代交代した7年前の売上げの2倍を達成いたしました。2009年度の3月のことです。『仙台経済界』という雑誌を皆さんご存知ですか。そこに掲載されましたが、湯主一條の前年度売上げ対比、私どもは3月決算ですので、昨年度の3月決算で締めた時の売上げが、前年度に対して130％超ということでした。そして今期は、4月から11月まで毎月の売上げが前年のそれよりも常に上回っております。今こちらに来る時も売上げの数字を見てきたんですが、去年の11月の売上げよりも上回っておりました。

そして今年の8月の月間の湯主一條の全体の客室稼働率は94％でした。一條スイートになりますと稼働率は100％です。ですから一條スイートは1日もお部屋が空いたことがない状態です。私ども一條の客室は24ルームございます。8月ですから、夏休みの1カ月の稼働率が1日から31日まで94％ということはどういうことかおわかりになりますか。ほとんど毎日満室。今日は1部屋空いている。今日は2部屋空いている。今日は満室、今日も満室、それが1カ月続くということです。

おかげさまで旅行エージェント、JTB、近畿日本ツーリスト、それから今ネット関係ではじゃらん、楽天、一休といろいろございますが、湯主一條はそういうすべてのエージェントさんから高い評価をいただいております。これはそういったエージェントさんを通していらっしゃったお客様の声です。JTBでも90点以上のお宿として、2年連続で高い評価をいただいております。

ハイサービス300選に選ばれる

そして今年、ハイサービス日本300選というのを受賞いたしました。これは、政府が

２００６年に経済成長戦略というのを計画しまして、それに基づいて経済産業省がサービス産業生産性評議会というものを設けて、そこのサービス生産性協議会の方たちがハイサービスの企業を３００件に限って選定しようというものでそのなかに選ばれました。宮城県ではシネマ東北さんと私ども湯主一條と2件になります。

どうしてこういうハイサービス日本３００選というのを設けたかといいますと、日本経済はこれまで製造業が大きな役割を果たしていたのですが、今や日本経済のなかの7割がサービス産業で占められるようになったということなんですね。これまでは観光とかサービス産業といえば、日本ではどちらかというと重要性があまり認められずに軽視されてきて、予算もあまりつかなかったのですが、今これがかなり注目されてきて、観光というものにもっと目を向けることによって日本経済を盛り上げていこうという国の動きがあります。

これまで日本経済は製造業でかなり伸びてきたんですけれども、製造業は皆さんご存知のように生産拠点の多くを海外に移しております。また雇用という面から見ると製造業は機械化が進んで、労働力の面では省力化ということですが、サービス業というのは労働集約的ですから多くの従業員、パートさん、アルバイトを必要としております。ですからそれだけ雇用の拡大につながりますので、サービス産業の生産性を向上させていこうという動きがあるわけで、そのなかでハイサービス日本３００選の企業を広く公開することで情報を共有して、そこから産業をもっともっと伸ばしていきたいというのが国の方針なんですね。

人材、スキル、そしてベストプラクティス、いわゆる先進企業の成功例、こういったものを広く公表していくと。そしてさらに３００選の企業のなかで集まって、この人たちがもっと伸びていってほしいというような、そういう考えのもとにハイサービス３００選というものができております。私どももこの集まりにちょこちょこ行かなくてはいけなくて、最近はもう忙しくなっているんですけれども。こういうのも皆さんにはすごく勉強になると思いますので、ネットにもありますし、本も出ておりますので、こういうものもぜひ勉強していただければと思います。

地域経済と観光産業

最近では地方の経済成長はもう企業誘致か観光しかないと言われておりまして、宮城県でもトヨタ自動車関係の工場を持ってくるということで、今さかんにやっておりますけれども、何年か前に私どもにトヨタの元会長で経団連の奥田会長さんがいらっしゃった時に、宮城県知事も山形県知事も皆さんいらしてもうすごかったですね。何とかトヨタで宮城県に工場を誘致してください。５分でいいから時間をとってくださいって一生懸命でした。

そういう企業誘致もそうですけれども、あとは観光ですね。今は国の方でも２００６年あたりからビジットジャパンということを立ち上げまして、私ども旅館業でも海外からお客様を呼ぶという方向で、おかみ会などでもよく言われておりましたけれども、最近はもうインバウンドとか、あとは海外の留学生を受け入れるとか、そういう方向にいっております。

観光という分野に携わっている私たち旅館業というのは、全国からお客様をお呼びして、さらには海外からもこの宮城県にお呼びすることができるという、そうして人を集めるということでは、地域の経済にすごく大きく影響を及ぼしますので、観光という分野に携わっているということは、地元の経済発展にも関わる大変な仕事をしているということになります。

そしてさらに旅館はお客様にお食事を出すので、農業、林業、漁業、そういったものも関わりが出てきますし、またさらに製造業、例えば私どもはもうしょっちゅう工事をしておりますので建設の方ですね。そういうものもすべてにおいてつながってくるんですね。ですから旅館が儲かれば地域のこの人たちも自動的に儲かるということになるわけです。

サービスとおもてなし

ここでサービスとはとありますけれども、基本的にサービスというのは人のために尽くす。その基本は人と人が協力連携してともに助け合うということだそうです。そのサービスの最前線にいるのが私たちおかみというものなんですね。

そこには深い愛情が必要とされるのではないかと思います。お客様に対しての深い愛情、従業員に対しての深い愛情、取引先の人に対しての深い愛情、それから地域に対しての深い愛情。

私はおかみになった時に、山形の大きな旅館で古窯さん、そこのおかみさんとお話をさせていただく機会に恵まれました。古窯さんのおかみさんはいろんな本を出されていますが

「からっぽの金庫から」という本には、本当に何もない空っぽの金庫を満タンにしてあんなに大きな旅館を建てたということが書かれております。

そういう古窯さんのおかみさんとお話をさせていただいた時は、私はおかみになったばっかりの時で、おかみとは何だろう、これからどうやっていけばいいんだろうと思っていた時に教わったのがこれだったんです。深い愛情。「おかみは深い愛情です」と言われました。この深い愛情というのは、私がおかみとしてこれから生涯やっていく上で常に一番のテーマになっていくと思いますし、実際に常にこの深い愛情を注いでいきたいと思っております。

おかみは経営者として企業を引っ張っていかなければならない立場にあるわけですが、では企業とは何だろうかというと、営利を目的とした経済活動を行う。企業である以上は、利益は上げていかなければなりません。ただその利益を上げるのでも、やり方というものが人それぞれにいろいろあると思うんです。私は企業を経営している以上は、経営者であれば必ず社会貢献をするという使命があると思っております。社会に迷惑をかけて会社を経営するのではなくて、社会に貢献するという重要な役割を持っていると思っておりますし、ほかの経営者の方にもそれを認識していただきたいと思っています。

いろんな会社の経営者がおりまして、よくライオンズとかロータリーとかありますけれども、こういうのは皆さん経営者が地域の人のために奉仕をするものです。自分がただ儲けるのではなくて、それを地元の人に奉仕をして還元して地元のために貢献するということで、ロータリーも、ライオンズもみなそういう精神のもとでやっております。会社の経営者であれば地域貢献をする。地域の福祉、そういったものにも関心を持たなければいけないのではないかと常に思っております。

一條ブランド

私ども湯主一條の経営理念ですが、さっき言ったおかみの深い愛情ですね、そして「時を忘れる幸福な時間をお客様に提供し喜んでいただくことによって、私たちが仕事にやりがいを感じ、社員を豊かに幸福に導き、社会に貢献する」ということになります。お客様を喜ばせると従業員はやりがいを感じて、さらに従業員も儲かり豊かになる。そして家族も幸せになる。お客様を喜ばせることが社会に貢献することにつながるということなんですね。

そして私ども歴史がありますので、この600年の伝統ですね。それが一條ブランドになります。昔は一條というと、地元では敷居が高いとか、白石の天皇だとか、最後の殿様と言われたような所ですので、この一條ブランドを確立し、それはすでにもう地元では言われていますけれども、私どもの目的は次の世代へ継承することなのです。

世の中にはいろんな会社がありますけれども、私どものような老舗は次の時代へバトンタッチすることを考えていかなければいけません。1代で終わるところもたくさんございますが、長く続いているところはこういうことを考えていかなければならないのです。そして次の世代にバトンタッチするということは、地域に対してもいい加減なことはできないんです。地元に対しての信用も次の世代に残していかなければいけないんですね。

ありがたいことに私どもの19代目も地域に対する信用が絶大でございましたので、おかげさまで20代目もものすごく仕事がやりやすいんです。これが例えば19代目がうそつきだとか、仕入れたのにお金も払わないとなりますと信用がまったくなくなって「おまえも大丈夫なのか」と取引してもらえなくなります。

そしてこれは毎朝、私ども従業員にミーティングの時に必ず言う社訓でございます。「私たちのお給料はお客様からいただいている」あなたたち従業員の皆さんは社長から給料をもらいに来ているのか、それとも社長を稼がせ会社をもうけさせているのか。これをいつも言います。

レストランなんかに行きますと「お客様ラストオーダーでございます」とよく言われますよね。そこでお客様にはラストオーダーと言って断っています。そこに例えば社長が来て「ようちょっと何か食わせろよ。何か飲み物出して」といえば、従業員は「はい」と言う。そうすると「何ださっきのは」となりますよね。従業員は、お客様からお給料をいただいているんです。社長からもらっているのではないということですね。

そして「必ずや一條を年間稼働率90％以上の宿にしてみせる」これを心の底から思って言わせています。その真んなかの部分が実は変わったんです。8月までは「稼働率90％以上」の宿にしてみせるだったんですね。それが8月に稼働率94％を達成できましたので、あこれは次のステージだと思って、その前に「年間」というのをつけ加えました。実はその前には「必ずや一條を宮城で一番の宿にしてみせる」だったんです。

そうやって社訓でいつも言っていると本当にそうなるんです。宮城で一番の宿にしてみせると言っている時に、インターネットとかの評価で東北一になってしまったんです。宮城で1位は楽天でも常になっていますけれども、東北1位から3位も何回もとってしまった。それでこれはもう卒業だなと。そして稼働率90％以上にしたんですね。そうしたら8月にこれも達成して実現してしまったので、年間をつけました。おかげさまで11月も紅葉シーズンでずっと忙しいので、「もしかしたら本当に来年あたり年間稼働率90％以上になっちゃうんじゃないの」って、みんなで「どうしよう」なんて言っています。

そして「お客様に感謝する」ですね。これは毎日言わせています。言霊といいまして、言葉で言うことは実現すると思っています。同時に心のなかで思ったことも実現します。ですから自分がこうなりたい、こういうふうにしたいと思ったら、それを口に出して言う。そしてそれを本当に心のなかでそう思って、本気でそう言うとそれは現実になるんです。それを私たちは何回も何回も経験してきました。

湯主一條のテーマ

私ども湯主一條のコンセプトはタイムトリップで、テーマは森でございます。うちは古い旅館で、本館という建物がありまして、これは大正時代につくられた建物ですが、かなり昔に重要文化財に指定されそうになったことがあります。それをご先祖様がお断りをして、現在も使ってお客様に喜んでいただいております。この木造一部4階建ての本館は、鎌先温泉

湯治宿を改装した個室料亭「匠庵」

のシンボルとも言われておりますが、材料は全部裏山からとってきたもので、宮大工が造っておりますのでクギを1本も使っておりません。日本の木造建築の技術は本当にすばらしいと思います。震度7の宮城県沖をはじめ、大きな地震を2回も経験しておりますがびくともしません。

そして私どもには裏山がございます。うちの社長が寝ないで歩くと、1週間ぐらいかかれば回れるかもしれないというぐらいの山です。その森のなかに湯主一條がございますので、お客様にはこの森のなかで彷徨《さまよ》っていただいて、いろんな体験をしていただこうというコンセプトです。

皆さんもご覧になったかもしれませんが、千と千尋の神隠しという映画がありましたけれども、それと私どもの宿のストーリーが似ているんですよね。お客様から「ここの旅館に泊まってあの映画のストーリーを考えたんじゃないか」と言われるぐらいなんですけれども。

うちに来るお客様はまず坂を上ってくると、一條の森に迷い込んでしまう。そこからお客様がもう映画の主人公なんです。そして森のなかで彷徨って歩いているうちに、森林浴のできる露天風呂を体験したり、また森のなかで、傷に効くと言われている600年前からの温泉を体験したり、また彷徨って歩いていくとそこには「時の橋」がかかっていて、その「時の橋」を渡ると大正時代にタイムトリップします。その先では、森の食材がふんだんに使われた森の晩さんが繰り広げられます。

うちには今は料亭になっている古い本館と、新しくリニューアルした客室がある別館がございまして、別館の方は現代、料亭のある古い本館は大正時代です。そしてお客様には現代のホテルのような快適なお部屋に寝泊まりをしていただいて、お食事の時には「時の橋」を渡って大正時代にタイムトリップしていただく。それから森のなかでいろんな体験をして、やさしいお湯に触れたり、料理人の愛情を感じるお料理を食べたり、スタッフとの会話でやさしい気持ちになって、森のなかを歩いていると小さなかわいいお花があって、ああお花見つけたと。そういうものだけでもやさしい気持ちになりますよね。そういうやさしい気持ちになって坂をおりて、現代にお帰りいただくというような旅館のストーリーになっております。

コンシェルジュの視点で

こうして私ども、お陰様で人気宿とか言われるようになりましたけれども、先ほど申し上げたように、社長と私は元はホテルマンでした。そしてこの旅館に戻って来ましてから、湯主一條の大改革を始めました。私がおかみになってからです。うちの社長は、日本コンシェルジュ協会というのがございまして、そこのメンバーのひとりになっております。旅館ではたった２人しかいないんです。

最近、コンシェルジュというのを皆さんよく耳にすると思います。最近は何でもコンシェルジュとつけるのがはやっていて、デパートでもマンションでもコンシェルジュとつけていて、コンシェルジュとつければいいのかと思うぐらい何でもつけておりますけれども、もともとはホテルのコンシェルジュが始まりでそこからきているんです。

コンシェルジュというのは、シティーホテルなどではフロントとは別にコンシェルジュというのがありまして、私どもの社長が東京の竹芝にあるインターコンチネンタル東京ベイでコンシェルジュをやっておりました時に、このコンシェルジュ協会、レ・クレドールジャパンといいますけれども、これに入りましてそのメンバーの一員になりました。そして１９９９年、約10年前にここの旅館に戻ってくる時もそのメンバーのままで戻ってきました。

今、石川県の山中温泉に高級旅館のかよう亭さんってあるんですが、そこの方もコンシェルジュ協会のメンバーで、この方も大阪のリッツ・カールトンにおりまして、それから旅館に戻って、そのままメンバーのままです。ですから旅館では、うちの社長とその方と２人だけです。

以前に社長が勤めておりましたインターコンチネンタルというのは、世界じゅうにたくさんのホテルがある世界でも有名なホテルチェーンです。そしてインターコンチネンタルでは、世界じゅうのホテルと全部ネットワークでつながっておりまして、お互いに情報が全部わかるようになっていました。

そうしたなかで、この旅館に戻ってきた時はビックリいたしました。それまで世界の最先端のところにいたんですから、そこから戻ってきたらあまりの遅れ、ここは大正時代かというので社長と私とでびっくりしてしまったんですね。そのころ通（通帳）というのがありまして、伝票とか今はパソコンで請求書とか出てきますけれども、そうではなくて通と言われるものに全部漢字で書くんですね。例えばビール500円也、しかも右側から書くんです。12000円とかというのも、昔の漢字で「壱萬弐千円」。読めないです、私。そんな通というので、六つ玉のそろばんでこうやって。考えられませんでした。

それで戻ってきてからは親といろんな葛藤がございまして、どこにでもある話ですけれども、嫁と姑の関係とかいろいろあって、もめて「出ていけ」というので一度東京へ戻りました。

そして2003年に19代目が亡くなりまして世代交代することになります。突然でした。旅館に戻った時に私は妊娠9カ月で、もう生まれる寸前でしたが、うちの社長をインターコンチネンタルの支配人が帰してくれなくて、引きとめ工作を何回もされました。もうすぐ臨月で子供が生まれるから帰らなければいけないからどうしても帰るということで、やっとホテルをやめて戻ってきたんです。

私はそれまで、いろいろ歩いたりいろいろ考えたりしたことをノートにびっしりいっぱい書いておりました。ここをこうしてこうすればいいと。そういうものを、２００３年に世代交代したとたんに一気に出すんです。本当にやりたいことを全部一気にやりました。そして、２００４年からは親がいないので、本格的に自分たちが好きなようにできるようになりました。

どん底からの経営再建

その時は経営状態は最悪でした。どうしようと考えました。それでまず「館内の電気をつけなさい」と。「お客さんがいないからといって消すんじゃない、電気をつけて明るくしよう」とそこから始めました。建物がみな古いんです。一番新しいところでも昭和39年。食器はいつの食器だかわからない欠けた食器だし、ロビーの売店はワゴンに山積みになっていて「何これ」という感じでしたし、お料理も部屋食でお膳を八段重ねて階段をこう運んでいっているのをみると「従業員が大変だな、かわいそうだな」と思いました。

私たちが世代交代した時は若くて30代でしたので、コンサルタントの方もたくさんいらして「コンサルタントさせてくれ」と相当言われました。でもコンサルタントを呼ぶのに、コンサルタント料だけで４００万もかかるんです。そんな４００万もあったらいろんなことができるので、それを断って私がやりたいようにやることにしました。

まず売店の在庫をざっと計算すると、50万もあったんですね、在庫だけで。そういうものを全部返品して一から売店の商品をやり直したり、それから従業員の作法、こういったものもやりました。日本旅館なので和の作法ですね。立ち方、おじぎの仕方、振る舞い方、歩き方、ふすまの開け方、お茶の入れ方、せん茶の入れ方、それからほうじ茶の入れ方、抹茶の入れ方。お客様を客室に案内したら、きちんとふすまの開け方を教えて、それでおじぎの仕方、立ち方、立ち居振る舞いを徹底して教えました。

それから基本的なホテル、レストランのサービスの仕方ですね。お水の出し方。皆さんも飲食店でアルバイトした方もいらっしゃると思うんですけれども、お水の出し方を教えられたことありますか。ただ出せばいいというものじゃないんですね。お水の出し方、ビールの出し方、サービスの仕方、お料理の出し方、洋食の場合のお料理の出し方、和食の場合のお料理の出し方。それから和の作法としては、はしの持ち方、日本旅館の伝統文化にいる人たちがはしの1本も持てないのでは笑われます。

ところが、私どもが世代交代した時、従業員はベテランばっかりで勤続40年、30年、20年、一番短い人でも8年でした。それが昨日今日来たような若い私たちの話など、スタッフはバカにしてだれも聞きません。「そんなものやってどうすんだ」と。「そんなことやっている旅館どこにもないよ」と言われました。

それから料理長とも一対一でお話をしました。旅館は、おかみと料理長で決まると思います。うちの料理長はものすごく腕がいいんです。前の19代のおかみさんが、仙台でお節料理をつくらせると素晴らしい腕前の板前がいると聞いて、今の料理長を見つけて引っ張ってきたんです。ですからものすごく腕がいい。それで「料理長、あなたの好きなようにやりたいものをやってください。その料理を飾りたい食器も買いましょう」と言って、社長と私と料理長の3人で市内を歩き回って地元の食材を発掘したり、それから私はどうしてもお客様に仙台牛を出したいという強い思いがありましたので、念願の仙台牛はどこから仕入れたらいいんだろうということでいっぱい探し回りました。

それと同時にインターネット、今はインターネット予約とか「じゃらん」などすごく進んでいますけれども、その当時はどこでも「じゃらん」もインターネットもやっていない時代でしたが、その当時にインターネットに力を入れ始めました。

世代交代してすぐの時に、楽天トラベルの担当者が私どもに突然やってきました。お客様の口コミという欄がありまして、そこで「ものすごい高評価なのですばらしい」といって来たんですが、その時に「高評価なのにどうして宿側は何もしないんですか」というんですね。その頃は、私たちはそんなこと全然知らなかったし見てもいなかったんです。それでインターネットを見てみたら「ああ本当だすごい。ありがたいね」と言ったら「これはお客さんに返事しなくてはいけないんです」って言われて、「えー、そうなんですか」っていうことで教わりました。楽天の営業マンから。「こういうふうにしてください。ホームページはこういうふうにするといいんですよ」と。もう最初の頃ですね。それが総リニューアルの前ですね。

総リニューアルのコンセプト「エコ・ラグジュアリー」

世代交代してすぐ、次の年には売上げが上がりました。その頃もかなりのお客様の評価があって、すでに人気の宿というふうになっていましたが、それから少しずつ年々売上げを上げてきました。そしてこれは現在の当館の玄関になりますけれども、2008年、2年前に別館を総リニューアルしました。その次の年にはさらにガンと売上げが上がって、今年はまた売上げを伸ばしております。

この総リニューアルをする時に、エコ・ラグジュアリーというテーマを設定しました。私どもは社長も私もホテルマンだった頃、社長は特にファーストクラスで飛んでくるような海外のお客様を毎日相手にしていまして、お部屋の金庫に2000万とかの現金をおき忘れても、忘れたことすら忘れているようなお客様ばかり相手にしていたんですね。それからスマップだとか若い芸能人さんとか、いつもたくさん来るようなホテルでした。

それでここの旅館に帰ってきたら、その時は湯治をやっておりましたので、お爺ちゃんお婆ちゃんたちが安い料金の湯治客としてたくさん来ていて、もうめちゃくちゃでした。それまで高級なお客様ばかり相手にしていたので、なかなかそれについていけませんでした。やっぱり自分たちが馴れているお客様をやるのが一番いいんですね。私たち、特に社長は湯治のお客さんだとか老人会だとかそういうお客様を相手にできるかというとなかなかできないんです。そういう方にいらっしゃいませというふうに接客した方が私たちはやりやすいの

露天風呂付一條スイート

で、そういうふうにリニューアルをすることにしました。

このリニューアルの時に、スイートルームを作りました。スイートルームはおひとり1泊4万ぐらいですので、おふたりで泊まると、だいたい1泊10万円というお金をいただくことになります。昔は、湯治ですと食事なしで3500円でした。そこでそういうお客様をやめて、今はそういうお客様を相手にしております。それでラグジュアリーなんだけれどもエコ。エコ・ラグジュアリーというテーマで、総リニューアルの工事をしてもらいました。

この設計も、実は私が東京から旅館に戻ってきた10年前から、雑誌とか見ていて、「ああここの設計会社もすてきだな。この部屋がいいな」とかいろいろ見ていて、石井設計建築事務所さん、ここが一番センスがいいと自分のなかでは思ったんですね。

それでそこにアプローチをかけて、そこの専務さんにうちに来ていただきました。まだボロボロの旅館の時でしたが、お話をして「私たちはこうやりたいんだ」ということをずっと言い続けて、うちの社長も東京に行くたびに石井建築事務所に必ず立ち寄っては「今こうなんです。こういうふうにやりたいんです」とそれを10年間続けてきました。そうして私と社長の作りたい気持ちが、設計事務所の先生たちにも10年かけてよく伝わりました。

私たちがホテルマンだということも知っていますので、ザ・ペニンシュラ東京ができた時には私も社長もペニンシュラに行ってきたということや「ペニンシュラのこういうところがいいんだ」とかいろいろ言って、彼らも勉強しに行っていただいたりしたんですね。

それから私たちも自分たちの希望にかなうような旅館を設計したいということで、今度そういう高級なものを作るということで、工事の時に私たちは、世界でも六つ星の超一流と言われるアマンリゾートに行ってきました。アマンリゾートのなかにはアマンヌサとかいろいろあるんですけれども、アマンプロに行ってきました。1泊30万ぐらいですから、全部でだいたい300万くらいかかります。そこは世界のＶＩＰが泊まりに行く所です。フィリピンの先にありますけれども、小さな島でホテルはひとつ。それからみんなコテージみたいな1軒家になっているんですね。そのお部屋から出てちょっとしたお庭を通っていくと、まっ白い砂浜の専用のプライベートビーチがあって、銀色に光るお魚がすぐその辺に泳いでいるんです。

そこですごく勉強になりました。サービスに関して、接客というものに関して。これをフィリピンの人たちがやっているんですね。そのアマンの向かいにある島には、ものすごく貧乏で電気もないような所で生活している人たちもいるんですが、その人たちはそのアマンリゾートで働くのが夢なんですね。そこのアマンに働くというのは超エリートなんです。なかなかそこでは働けないんです。そこはアマンとは正反対の島でした、電気もない、お庭に豚がいてハエがいっぱいいるようなところです。裸足でくつも履いていないんです。そういうところで育った人たちが、世界の超一流のＶＩＰを相手にお客様を感動させることができるんだと。ではわれわれは何をやっているんだろうと思いましたね。それを帰ってきてから、うちのスタッフに熱く語って。お客様に最高のサービスを提供するのには、自分が最高のサービスを受けたことがなければ提供できないと思いました。

強みを打ち出す経営

話が長くなってしまいましたけれども、よく楽天トラベルさんでは「自分の強みを前面に出しましょう」と言います。いわゆるトンガリですね。うちのトンガリは木造一部4階建ての本館。これがトンガリです。お金を出しても作れない。歴史はお金では買えない。６００年の歴史というのはいくらお金があっても買えません。

その木造本館を個室料亭としてお客様に提供する。湯治はやめる。館内は階段がすごく多いので、足の悪い年配者は来ない方がいいと。車いすはもちろん無理ですから。それでお客様のターゲットをどこに絞るかというと、お金を持っていて元気のいい働き盛りの30代、40代をターゲットにしております。私たちのような世代です。階段を上がっても大丈夫。スイートルームに1泊4万円出しても大丈夫。

　そしてうちの料理はかなりレベルの高い料理をお出ししていますので、おじちゃんおばちゃんたちが来て「何だ。こった料理食ったこともねえ。どうやって食うんだ」というふうにならないように、そのへんもうちの料理に合うお客様に来ていただきたいという、そういうふうにネットや雑誌や何かで常に情報発信をして、自分の宿に合うお客様に来てもらう。こういうことを考えています。それで人気の宿になっていきます。

　ですから電話予約の時にも、必ず事細かに年配者だったら「階段が多いですが大丈夫ですか、私どもこうですよ」といって、自分のところに合うお客様に来てもらうようにしています。どんなにお客様のために一生懸命頑張っても、合わなければ無理なんです。どんなにいいサービスをして、どんなにいい料理を出しても、足の悪いお年寄りとかが来られて「何だ、階段がこんなにいっぱいあって。こんなところ」と言われてしまったら、もうその人はそれでうちのことは嫌いになりますから。

　それで日帰りのお客様をやめ、カラオケをやめ、そして客室の半分を禁煙にしました。よく言われるのが「一條さんはお客様を絞って絞って、さらにまた絞ったんですね」と言われます。タバコを吸う人も泊まりに来るんです。それで館内のあちこちに喫煙所を設けております。お部屋は禁煙なので、部屋では喫煙は我慢するというお客様には喜んで来ていただきます。ヘビースモーカーでどうしてもお部屋でタバコを吸えないのは嫌だという人は来ません。それはそれでいいんです。

禁煙にするとどういうメリットがあるかというと、お部屋が汚れないんです。いつまでもきれいです。うちは部屋食はしておりませんので、お部屋で食事を食べないということもお部屋が常にきれいに保たれるという利点があります。

高い意識レベルの維持

そして一條ブランドの再生にともなって、最近地元では一條ブランドの名前が欲しいと言われております。銀行からは堅実経営、超優良企業と言われておりまして、最近は「借りてくれ」ということで、たくさん私どもの方にいらっしゃいます。

従業員ひとりひとりは老舗旅館としての誇り、それから高い意識レベルを持って働いております。自分は一條のスタッフなんだ、一條で働いているんだというプライドです。それがお客様にも伝わります。アンケートでもそういうお声を大変多くいただいております。

その従業員の高い意識レベルを保たせるにはどうすればいいんでしょうか。そのなかのひとつに、やはり作法というものが大事になってきます。自分たちが和の作法、それからレストランの基本的なサービスのマナー、そういうものを身につけて、超一流のサービスをお客様に提供しているんだという気持ちでやっております。

私ども、うちのスタッフを見ておりますと、都内のシティーホテルのサービスマンよりもずっとレベルが高いと思っております。その違いはどこかというと、レベルはうちのスタッフの方がずっと上なんですけれども、シティーホテルで働く人たちは英語ができる、ただこれだけです。うちのスタッフが英語ができれば、その辺のホテルマンは軽く抜いてしまうぐらいのレベルの高さを持っております。それはお客様に対する愛情です。そして誇りです。

経営者としての心構え

経営者というものは、実は今朝の朝食でもそうだったんですが、常に会社の話になるんですね。私の父親も、いつも食事の時にはそういう会話になっていました。経営者として大事なものは熱血です。うちの社長も私もものすごい熱血なので、うちの従業員をもうガミガミ怒鳴りつけます。頭に来て休みの人も全員呼び出して、2時間しゃべりまくったこともあります。熱血、若さとファイトですね。そして明るさ。

朝、おかみさんが出勤して「おはようございます」と言っても元気なくて「ああどうしよう。今日もどうやってやっていこうかな」なんて気持ちで思っていると、それが全部従業員に伝わります。それで従業員の雰囲気がみんな暗くなると、その従業員はそのエネルギーをそのままお客様に持っていくんですね。そうするとお客さんの意識も下がってきます。

けれども社長とおかみが「おはようございます」と明るく元気よく「今日はいいね」なんていうと、それだけで従業員というのは明るく元気になってしまうんですね。うちの社長がよく言うんですけれども「うちの旅館はおかみがバロメーターだ」というんですね。私がいつもニコニコして元気でいる時は旅館もいいけれども、私が機嫌が悪い時は何かあったときだと言って、みんなを怒ったりするんですけれどもね。

先見の明とありますけれども、経営者としてはやはりみんなと同じことをするのではなくて、常に先を先を見ていなければいけないですね。今は恵まれた世のなかにいますので、このハングリー精神というのがなかなか難しいんですけれども。ハングリー精神、何くそ根性、これがないと経営者はやっていけないです。これは経営者だけではなくて、皆さんもそうだと思いますけれどもね。

それで前向き。明るく元気よく前向きでなければいけないですね。それぞれの人生いろんなことがあって、私も嫁と姑のことがあって「出ていけ」と言われたり、うちの旅館も何年か前に土石流が来ましてね。予約が満室だったんですけど、お客様に2日間かけてみんな電話して「申しわけございませんが、今こういう状態でお泊めするわけにいかないんです」と全部1件1件に電話して、泣く泣くお断わりした時もありました。その時は本当に泣きそうになりましたけれども、そういう経験は誰でもみんな必ず人生のなかで体験すると思うんです。

それでも常に前向きで上昇志向でいれば、必ず自分が思ったようになるんですね。例えばガンの人が余命あと3カ月と言われた時に「ああもう自分はあと3カ月の命なんだ、もう終わりなんだ」と思えば本当にそこで終わるんですけれども「自分は3カ月だと言われてもそんなはずはない、自分はまだまだ生きるんだ」と思えば何年も長生きするんですよ。うちの叔父がそうでした。あと3カ月と言われましたけれども6年ぐらい生きて、その間海外旅行に何回も行っているんですよ。しかももうすぐ70歳という歳でですよ。私たちみたいに若い年じゃなくて。それぐらい気持ちというのは免疫力も高めますし、すごく大事なものです。

やはり経営者としては無駄を省いて顧客満足度を上げながら、従業員満足度も上げていかなければいけないという難しい課題があるんですね。CSとかESとか、皆さん勉強していておわかりだと思いますけれども。私は常に思うことですが、お客様が喜ばれても従業員が大変な思いをするのでは、これはうまくいかないんです。そうしたら従業員やりたくないじゃないですか。お客様が喜ぶだけで、自分たちが大変なのは。だからお客様が喜んで、さらに従業員も仕事が楽になる。「これをやることによってお客様が喜んでくださって、あなたたちも楽になるわね」と。そういうことを常に考えています。そして売上げが上がってコストが下がることも同時並行で考えて「次の新しいことを今度これをやるよ」ということを説明しながら、どんどん新しいことを進めていっています。

将来の展望

将来の展望は、鎌先温泉は5軒あるんですが、この温泉街の再生。鎌先温泉はすごく交通の便がよくて、車ですと東北自動車道の白石インターから15分で来られます。仙台からですと、1時間かからずに来られる距離です。

さらに新幹線に乗ると、東京からたった2時間。仙台からは50分で来てしまいます。しかも白石蔵王という新幹線の駅があります。駅からは車で15分です。これがすごい強みなんですね。東京から来る方にとっても。山のなかなのにものすごく交通の便がいいんです。この立地条件のおかげで、東北地方に観光に行かれた方が東京に帰る前に、途中でうちに立ち寄って泊まって帰られるとか、そういう利用をしていただけます。このへんの交通の便のよさはかなりの強みだと思います。

これを生かしながら、そして鎌先温泉はこじんまりしていますけれども「箱根のようだ」とか「黒川温泉のようだ」とかお客様にいろいろと言っていただいておりますので、この静かな情緒のある温泉街を全国にもっともっとアピールして、そしてお客様を取り込んで、宮城県に鎌先温泉ありと言われるぐらいの温泉地として再生していきたいと思っております。

世代交代と子育てのポリシー

世代交代という仕事は、経営者にとってたいへんな仕事のひとつです。私どもが世代交代した時に、いつもいらっしゃるお客様で会社経営をされている70代の方からお手紙を頂戴しました。そのお手紙は大事に私の机と社長の机にコピーしてしまってあるんですが、やっぱり世代交代というのはものすごく大事だということです。世代交代に失敗して、みんなダメになっていきます。この世代交代する時期、そして次の後継者を育てること。次の後継者がいい加減だったら、それでもう旅館はなくなってしまいます。

私は子ども2人育てながら経営をしていますが、子守りしてくれる人はいません。おじいちゃんもおばあちゃんもいません。うちの社長が育った時は、お手伝いさんがいっぱいいて子守りの人もいたそうです。子どもが4人いましたので専属の子守りのおばちゃんがいたそうですが、今はいません。

それで私どもは、子どもが生まれた時からギャーギャー泣くのを放ったらかして仕事をしていました。今でもそうです。放ったらかし、放し飼い状態です。ただしうちの子どもたちにしている禁止事項もたくさんあります。うちではテレビ禁止、ジュースやおやつ禁止、ゲームも禁止、これは徹底しています。そうするとうちの子どもたちはテレビが見られないので、時間があると何をするかというと本を読みます。それで本をたくさん与えます。本を読みなさいと言っています。

今の若い人、それから小さいお子さんにもアトピーなどのアレルギーを持っている方がたくさんいらっしゃるんですが、うちの子どもたちの保育園でもアトピーの子がたくさんいます。それで「一條さんの温泉に入ると、うちの子のアトピーが治るかもしれない」と言われるんですけれども、そのお子さんを見ているとスナック菓子とかそんなのばっかり食べているんです。ですからそういうのを食べていれば、いくら温泉に入ったって治らないよと。そういうのをやめてちゃんと朝昼晩とご飯を食べれば治るんじゃないの、といつも思っています。

そしてテレビは見せない。ニュースも見せません。テレビのニュースで今やっているのは、日本経済がよくないとか、あとは殺人事件だとか、悲観的なこととか悪いことばっかりです。私はうちの子どもたちにはそういう情報を与えたくないんです。そうじゃなくて自分たちの将来は明るく輝かしいものだ、こんないいことが待っているんだ、そういう気持ちで毎日楽しく生きてほしいんですね。ですから人殺しとか強盗とか、そういうものはなるべく見せないようにしています。

スタッフと愛社精神

今日は20代の若い方たちとこうやってお話する機会をいただきましたが、うちにも若い社員もおります。そして何度も採用の面接をいたしました。旅館の接客にまったく未経験の者でもいいんですが、とにかく一條の精神をたたき込みます。どういう旅館なのか、何があるのか、それからコンセプト、テーマ、そういったものをたたき込んで、それから作法、こういったものをやります。

それを全部身につけて、そしてお客様に質問されてもきちんと答えられる、そういう状況になって初めて接客をさせます。それまでは一切表に出しません。それまでにだいたい3カ月ぐらいかかります。まあ1カ月半ぐらいたつと、どうでしょう。コーヒーぐらいは持っていけるかなという感じでしょうか。

愛社精神とありますけれども、日本がここまで経済発展してきたのは、おじいちゃんおばあちゃんの世代の人たちがもう朝から晩まで必死になって働いたからなんですよね。私たちは恵まれているので、今はアメリカナイズされて、何ていうんでしょうか、派遣システムだとか、時給がいくらだとかということばかりがとりあげられていますけれども、昔はそれこそ1回就職すると定年までずっと働くのが当たり前でした。そうすることによって、日本企業ではものすごく会社に対する愛があったんですね。

そこでは時間なんてもう関係ないんですよ。愛なんです、すべてが。特に接客業は。お客様は愛なんです。働く人も愛なんです。お客様は時間関係ないんです。「私は何時から何時までが仕事だから、仕事はもう終わりです」ということではだめなんです。お客さんが「今ぐあい悪いんだ。救急車呼んでくれ」と言ってきた時に「私は何時で仕事終わりですから」と断りますかということなんですね。そんなの関係ないでしょう。気持ち。わかりやすくいうとそういうことなんですが、そういうひとつひとつのお客様に対する愛、それから会社に対する愛、愛社精神。これがその旅館を繁盛旅館にさせます。旅館だけでなくて企業、すべてそうだと思います。愛社精神、スタッフ、従業員、そこで働く人たちのパワー、愛情がその会社を盛り上げるんです。

ですからどういうスタッフを採用するか、どういう人材を入れるか、これはものすごく大きなことなんです。意識レベルの低い従業員をひとり雇ったら、そのひとりが会社にいるおかげで従業員全員の意識レベルが下がります。だけどやる気満々で本当に愛情いっぱいのいいスタッフを入れると、そのひとりのおかげでほかのスタッフ、先輩もみんな意識が上がります。それぐらい人を入れるということは、ものすごく重要です。人材を入れるということは、ものすごく危険なことでもあるんです。

お客様のエピソード

これまでやって来ていろんなエピソードがありますけれども、お客様からお礼のお手紙をいただくこともたくさんあります。なかでもお客様から、お客としてではなく人として接してくれたというアンケートの言葉が私の心のなかに残っております。

そしてあともうひとつ強く残っているのが、いつもいらっしゃってくださっていた60歳くらいのお客様なんですが、しばらくずっとお見えにならなくて、どうされたのかなと思っていた時に、ある日突然お泊まりにいらして「実は自分の余命はあともうわずかなんだ。自分はもう死んでしまうんだ」ということを告げられました。

その時にはまだまだ見た目にはお元気だったんですけれども。そうしたらある時、電話がかかってきて「病院から抜け出して、どうしても一條に泊まりに行きたい。実はこういう事情だから、もしかしたら泊まっている間に救急車を呼ぶことになるかもしれない」とおっしゃるんですね。その時に「大丈夫ですから、いらしてください」と申し上げました。それで2泊の予約が入りましたけれども、結局病院の許可が1泊しか出なかったので1泊だけになりました。けれどもその方がそこまで私どもに思いを持っていただいたということがすごく有り難くて感謝なんですけれども。

それは女性のお客様だったんですけれども、ご夫婦でお泊まりにいらして、うちではアイリッシュハープのコンサートをやっているんですけれども、その演奏家の彼女に、そのお客様のお食事の時にアイリッシュハープのコンサートをやってもらえないかとお願いしました。それで彼女に来てもらって、1部屋の個室でお客様のためにハープのコンサートをやりました。そうしたら彼女は、ふだんは自分の楽器を触らせることはないんですけれども、そのお客様には特別に触らせてあげたり、たくさん写真を撮ってあげたりして、たくさんの思い出をつくってあげました。私もいっぱいお話をして、ほんとうに喜んで帰られたんですけれども。それが冬でしたから「桜の時には絶対お待ちしてます」と申し上げましてお帰りになられましたけれども、うちから帰ってすぐ1週間後にいきなり容態が急変されてそのままお亡くなりになったそうです。それをご主人からお聞きして、本当に最後の最後に温泉、私どもの旅館にいらしてくださったんだということで、それが今年の冬の1月か2月頃の話なんですけれども、一番新しいところでものすごく私の心のなかに残っていることです。お仕事しながらそういう感動をたくさんしております。

またうちではプロポーズもたくさん経験しておりまして、皆さんぐらいの若い人たちは興味あるところだと思うんですけれども、そういうプロポーズの時にもうちのスタッフが協力するんです。プロポーズのシナリオが原稿用紙で4枚ぐらい送られてきて、そのストーリーをひとつひとつやってあげたこともあります。

ある時、うちのバーで男性が彼女にプロポーズするということだったんで、私が夜の11時ぐらいに行ってみたら、うちのスタッフがみんな帰っている時間なのに、全員帰らずに事務所に残っているんです。それで「あなたたち何やっているの、何で帰らないの、早く帰りなさい、あしたも早いんだから」と言ったら「いやおかみさん、今からプロポーズするというので、決まったらみんなでおめでとうと行こうと思って待っているんです」って言うんです。「でも11時になってもバーテンダーから全然連絡が来ない」ということで、結局全員が12時まで残っていて、夜中の12時になっても男の人が告白しないので、うちのバーテンダーがもう我慢できなくて「プロポーズ、告白するんですよね」と言ったら、いきなり指輪を出して彼女に「結婚してください！」って言ったんですね。それで12時にやっとその人が告白したので、そこでみんなで行って「おめでとう！」と盛り上げて、もう告白された彼女は涙ボロボロでこんな大きな花束をだいて、それでやっとうちのスタッフ帰ったんです。

そういう感動のエピソードもたくさんあります。サービス業に携わって、私どものようなホテルや旅館やっている人たちはみんなそういう気持ちでお客様を喜ばせる。お客様のために。それが仕事のやりがいと感じてやっております。

そういう私どもの旅館、こんな所もあるんだということを覚えておいていただいて、ぜひいつか湯主一條に泊まりに来ていただきたいと思います。

今日はどうもありがとうございました。

（講義日　２０１０年11月24日／編集担当　斎藤善之）

《編著者紹介》

東北学院大学経営学部おもてなし研究チーム

斎藤善之（さいとう・よしゆき）
経営学部教授　商業史担当

村山貴俊（むらやま・たかとし）
同学部教授　国際経営論担当

折橋伸哉（おりはし・しんや）
同学部教授　経営管理論担当

松村尚彦（まつむら・なおひこ）
同学部教授　ファイナンス担当

松岡孝介（まつおか・こうすけ）
同学部准教授　原価計算論担当

矢口義教（やぐち・よしのり）
同学部准教授　企業倫理担当

（検印省略）

2012年11月10日　初版発行
2014年11月10日　二刷発行　　　略称 —おもてなし実践

おもてなしの経営学［実践編］
—宮城のおかみが語るサービス経営の極意—

編著者　東北学院大学経営学部
　　　　おもてなし研究チーム
協　力　みやぎ おかみ会
発行者　塚　田　尚　寛

発行所　東京都文京区
　　　　春日２－13－1　**株式会社 創 成 社**

電　話　03（3868）3867　　ＦＡＸ　03（5802）6802
出版部　03（3868）3857　　ＦＡＸ　03（5802）6801
http://www.books-sosei.com 振　替　00150-9-191261

定価はカバーに表示してあります。

ISBN978-4-7944-2397-9 C0034
Printed in Japan

組版：トミ・アート　印刷：亜細亜印刷
製本：宮製本所
落丁・乱丁本はお取り替えいたします。